Cannabis und Führerschein

Theo Pütz

Cannabis und Führerschein

NACHTSCHATTEN VERLAG

Impressum

Verlegt durch:
NACHTSCHATTEN VERLAG AG
Kronengasse 11
CH-4502 Solothurn
T +41 (0) 32 621 89 49
F +41 (0) 32 621 89 47

info@nachtschatten.ch
www.nachtschatten.ch

1. Auflage

Umschlaggestaltung
Sven Sannwald, Lohn
(unter Verwendung eines Motivs von Vinh Lee, flickr.com)
Layout
Constantin Mawrodiew, feinkost Designnetzwerk, Berlin
Lektorat
Nina Seiler, Zürich
Druck
Druckerei & Verlag Steinmeier, Deiningen
Printed in Germany

ISBN 978-3-03788-279-5

Inhalt

Vorwort

Stellen Sie sich vor, Sie werden in Ihrem Auto durch die Polizei angehalten, angehalten und kontrolliert: Ihre Papiere sind in Ordnung, auch an Ihrem Wagen gibt es keinerlei Mängel, doch als sie überprüfen, ob ein Warndreieck vorhanden ist, sehen die Beamten im Kofferraum den Kasten Bier, den Sie gerade im Getränkemarkt geholt haben. Einige Wochen später erhalten Sie ein Einschreiben von der Führerscheinstelle, in dem Ihnen mitgeteilt wird, dass wegen Verdachts auf Alkoholkonsum Zweifel an Ihrer Fahreignung bestehen; Sie werden aufgefordert, innerhalb einer gesetzten Frist mit einem Gutachten nachzuweisen, dass Sie auch weiterhin zum Führen von Kraftfahrzeugen geeignet sind – ansonsten müsse Ihnen der Führerschein entzogen werden. Wegen eines Kastens Bier im Kofferraum? Absurd! Doch genau so wird in Deutschland tagtäglich dutzendfach verfahren, wenn es sich statt der Bierkiste um ein Tütchen mit Cannabis handelt.

Dass Sie bei der Routinekontrolle der Polizei unauffällig und nüchtern waren, dass Auto und Papiere in Ordnung waren und kein Verkehrsverstoß vorlag, hilft Ihnen genausowenig wie die Tatsache, dass der Besitz einer geringen Menge Cannabis kein Strafverfahren nach sich zieht. Denn nach einem solchen Fund werden Sie in der Regel aufgefordert, sich einem Drogentest zu unterziehen, und dann hilft Ihnen auch nicht mehr, dass Ihr letzter Cannabiskonsum schon einige Tage oder Wochen zurückliegt, denn die Abbaustoffe des Cannabis-Wirkstoffs THC sind mehrere Wochen nachweisbar. Mit einem solchen Nachweis gelten Sie als gelegentlicher Cannabiskonsument und begründen damit Zweifel an Ihrer Fahreignung; fand der letzte Cannabiskonsum am Vorabend der Kontrolle statt, kann es noch ärger kommen, denn es besteht die Möglichkeit, dass der aktive THC-Gehalt im Blutserum noch mehr als ein Nanogramm pro Milliliter (1 ng/ml) beträgt. Auch wenn dieser Wert weit unter einer spürbaren Wirkung liegt, gilt Ihre Fahrt mit dem Auto damit als «Drogenfahrt» und zieht ein Bußgeld und ein Fahrverbot nach sich – sowie die Auflage eines medizinischen Gutachtens, das Sie nur nach einem längeren Abstinenznachweis erfolgreich absolvieren können.

Seit Mitte der Neunzigerjahre der Besitz kleiner Mengen Cannabis durch das «Haschisch-Urteil» des Bundesverfassungsgerichts entkriminalisiert wurde, ist diese schwer nachvollziehbare Rechtspraxis in Deutschland gang und gäbe – und mit juristischen Mitteln kaum anfechtbar. Denn anders als im Strafrecht ist im Verwaltungsrecht, welches die Erteilung der Fahrerlaubnis regelt, die Beweislast umgekehrt: Nicht das Gericht muss Ihre Schuld nachweisen, sondern Sie sind verpflichtet, der Behörde Ihre Unschuld zu beweisen. Gibt der bereits beschriebene nüchterne und verkehrsgerechte Transport eines Kastens Bier in Ihrem Auto Anlass, den Fahrer als potenziellen Alkoholiker und Gefahr für die Verkehrssicherheit einzustufen? Selbstverständlich nicht – doch wenn es sich um ein Gramm Cannabis handelt, ist das der Fall. Diese Ungleichbehandlung und das daraus entstehende Unrecht sind der Grund für dieses Buch.

Der Autor Theo Pütz berät seit vielen Jahren nicht nur Betroffene, die in die Mühlen der Behörden geraten sind, er gilt auch als *der* Experte zum Thema Drogen und Führerschein. Sein Buch ist deshalb nicht nur ein unverzichtbarer Ratgeber für diejenigen, denen aufgrund eines Cannabisfunds oder -nachweises der Entzug des Führerscheins droht, sondern es liefert mit seiner Analyse der rechtlichen und toxikologischen Zusammenhänge erstmals auch einen fundierten Überblick zur herrschenden (Un-)Rechtspraxis in Sachen Cannabis und Führerschein. Deshalb ist dieses Buch nicht nur für Juristen, Behörden und Fachkräfte im Drogen- und Suchtbereich, sondern auch für politische Entscheidungsträger von höchster Relevanz. Denn nur die Politik kann für die dringend notwendigen Änderungen sorgen, die hier geboten sind: die Schaffung eines realistischen Gefahrengrenzwerts für die Verkehrsteilnahme und eine bundesweit einheitliche Auslegung der gesetzlichen Vorschriften zur Fahreignung analog zum Alkohol.

In der Schweiz geht man davon aus, dass selbst Busfahrer und Lokführer mit bis zu 3 ng/ml THC im Blutserum ihrer Arbeit verantwortungsvoll nachgehen können; in den USA, dem Mutterland der Cannabis-Prohibition und des irrsinnigen «War On Drugs», gilt selbst ein Grenzwert (10 ng/ml), der zehn Mal höher liegt als in Deutschland (1 ng/ml), nicht als Gefahr für die Verkehrssicherheit. Die (Un-)Rechtspraxis in Deutschland, mit Hilfe des Fahrerlaubnis- und Verwaltungsrechts den «Krieg gegen Drogen» zu führen, muss beendet werden. Die Politik und die Rechtssprechung sind gefordert. Wer die Informationen in diesem Buch zur Kenntnis genommen hat, wird nicht mehr umhin können, diese Forderung zu unterstützen.

Mathias Bröckers

Einführung: Was tun im Falle eines Falles?

Wie verhalte ich mich als Cannabiskonsument, wenn mein Führerschein gefährdet ist? Die vorliegende Einführung liefert einen kompakten Überblick zur Rechtslage und zu den geltenden Grenzwerten sowie Empfehlungen für das Verhalten bei Kontrollen der Polizei und Verordnungen der Führerscheinbehörde.

Auch wer nur gelegentlich Cannabis konsumiert, gefährdet grundsätzlich seinen Führerschein. Bereits ein Konsum, der schon längere Zeit zurückliegt, kann aufgrund der aktuellen Rechtspraxis und der Fortschritte in der Drogenanalytik dazu führen, dass die Fahrerlaubnis unmittelbar entzogen wird. Da das Abbauprodukt des Cannabis-Wirkstoffes Tetrahydrocannabinol (THC) noch 6–8 Wochen lang nachweisbar ist, kann auch der reine Konsumnachweis zu enormen Schwierigkeiten führen, selbst wenn zu dem Zeitpunkt keine Rauschwirkung mehr vorlag.

Betroffene sollten deshalb bei Verkehrskontrollen der Polizei weder über ihren aktuellen noch über einen zurückliegenden Konsum Auskunft geben. Eine Aussage wie «Ich kiffe höchstens mal am Wochenende» landet im polizeilichen Protokoll und damit in der Führerscheinakte. Mit Auskünften dieser Art sollte man sich also strikt zurückhalten. Wenn die kontrollierenden Beamten einen **Schnelltest** (siehe Seite 74) verlangen, sollte man diesen grundsätzlich ablehnen; verdächtige Personen sind nicht verpflichtet, aktiv zu ihrer Überführung beizutragen. Oft wird die Weigerung, sich einem Schnelltest zu unterziehen, als Indiz gewertet, dass der oder die Kontrollierte etwas zu verbergen hat – was häufig dazu führt, dass die Polizei mit der Anordnung einer **Blutentnahme** droht. Hierzu benötigt die Polizei grundsätzlich eine richterliche Genehmigung, es sei denn, es ist Gefahr im Verzug. Auch die angedrohte Blutentnahme sollte man nicht stillschweigend hinnehmen, sondern dieser widersprechen, so dass die Polizei gezwungen ist, eine richterliche Anordnung beizubringen. Auch anderen Tests, mit denen die Polizei die Fahrtauglichkeit prüfen will («Fassen Sie sich mal an die Nase» usw.), muss man grundsätzlich nicht Folge leisten.

Wird die Blutentnahme richterlich oder wegen «Gefahr im Verzug» durch die Polizei angeordnet, muss man sich dieser unterziehen. Da die Ergebnisse des Bluttests nicht unmittelbar vorliegen, kann eine «Drogenfahrt» – im Unterschied zu einer Alkoholfahrt – nicht zeitnah bewiesen werden. Dennoch ordnet die Polizei bisweilen an, dass die Betroffenen nicht weiterfahren dürfen. Diese Praxis ist juristisch umstritten, da ein Fehlverhalten zu diesem Zeitpunkt noch gar nicht bewiesen ist. Wer darauf besteht, weiterfahren zu dürfen, muss unter Umständen damit rechnen, dass ihn die Polizei erneut anhält und er dann – falls die Ergebnisse des Bluttests später einen THC-Konsum ergeben – wegen vorsätzlicher und wiederholter Drogenfahrten bestraft wird.

Mit dem Ergebnis der Blutananalyse ist innerhalb von zwei bis drei Wochen zu rechnen. Dann kann ein **Bußgeldbescheid** verhängt werden und auch die Führerscheinstelle wird darüber benachrichtigt und wird sich beim Betroffenen melden. Deshalb empfiehlt es sich, nach einer Verkehrskontrolle den Cannabiskonsum gänzlich einzustellen. Die Führerscheinstelle muss die Rechtskraft des Bußgeldbescheides, gegen den man Widerspruch einlegen kann, nicht abwarten, sondern kann unmittelbar aktiv werden (siehe Seite 27). Wenn die Blutprobe einen THC-Nachweis erbringt, kann die Führerscheinstelle entweder **ein fachärztliches Gutachten** oder eine **Medizinisch-Psychologische-Untersuchung (MPU)** fordern oder die **Fahrerlaubnis** sofort entziehen (siehe Seite 81). Gegen eine Überprüfungsaufforderung sind keinerlei Rechtsmittel zulässig. Bei einem Entzug der Fahrerlaubnis ist zwar eine Widerspruchsmöglichkeit gegeben, diese hat allerdings keine aufschiebende Wirkung.

Um ein fachärztliches Gutachten oder eine MPU positiv bestehen zu können, ist in jedem Fall ein **Abstinenznachweis** notwendig. Der Nachweis der Drogenabstinenz kann mittels **Urin-** bzw. **Haarkontrollen** erbracht werden (Seite 106). Die geforderte Nachweisdauer für die Abstinenz hängt vor allem von den bei der Blutanalyse festgestellten Werten ab und liegt in der Regel zwischen 3 und 12 Monaten. Solche Drogenkontrollprogramme werden von verschiedenen **Begutachtungsstellen** angeboten, wobei Betroffene die Begutachtungsstelle selbst bestimmen und die erforderlichen Kontrollen auch selbst bezahlen müssen (Seite 103).

Erst wenn dieser Abstinenznachweis erbracht ist, kann sich der Betroffene mit Aussicht auf Erfolg einer MPU unterziehen. Neben dem Nachweis der Abstinenz ist es aber auch höchst ratsam, sich auf das **Untersuchungsgespräch**

mit dem Verkehrspsychologen intensiv vorzubereiten (siehe Seite 112). Mit der Vorlage eines positiven MPU-Gutachtens bei der Führerscheinbehörde sind die Fahreignungszweifel ausgeräumt und man bekommt den Führerschein zurück. Wurde die Fahrerlaubnis zuvor entzogen, ist ein formaler **Antrag auf Wiedererteilung** zu stellen (siehe Seite 86).

Aufgrund verschiedener Faktoren läuft jeder Cannabiskonsument große Gefahr, seinen Führerschein zu riskieren – ein bestimmender Faktor ist dabei der in Deutschland derzeit gültige **Grenzwert**, bei dem von einer Drogenfahrt ausgegangen wird. Dieser Grenzwert von 1 Nanogramm (ng) pro Milliliter (ml) Blutserum liegt weit unter einer spürbaren Wirkung von Cannabis, was – anders als beim Alkohol – die subjektive Entscheidung über die Fahrtüchtigkeit nahezu unmöglich macht (siehe Seite 61, Grenzwerte). Ein weiterer zentraler Risikofaktor für Cannabiskonsumenten ist die lange **Nachweisbarkeit** des Konsums. Je nach Konsumfrequenz, Qualität des konsumierten Materials und individuellen Stoffwechselfunktionen kann ein Nachweis von mehr als 1 ng/ml im Blutserum noch bis zu 12 Tagen nach dem letzten Konsum erfolgen. Bei einem sehr sporadischen Konsum geht die Wissenschaft zur Zeit davon aus, dass der Wert nach spätestens 6 Stunden unter den Wert von 1 ng gefallen ist.

Selbst wenn kein aktives THC im Blut mehr nachgewiesen werden kann, also auch formal keine Drogenfahrt begangen wurde, wird bei der Analyse auch THC-Carbonsäure ermittelt, das Abbauprodukt von THC, welches bis zu einem Zeitraum von sechs Wochen nachweisbar ist. Bereits ein festgestellter **THC-Carbonsäure-Wert** kann Fahreignungszweifel der Behörde begründen, da dieser einen Einblick in das generelle Konsumverhalten des Betroffenen ermöglicht. Dies führt häufig zu einem Missbrauchsverdacht, der eine **Überprüfung der Fahreignung** zur Folge haben kann. Beträgt der festgestellte THC-Carbonsäure-Wert im Blut mehr als 150 ng/ml, steht für die Behörde der gewohnheitsmäßige Konsum fest, was den sofortigen Entzug des Führerscheins zur Folge hat. Bei einem THC-Carbonsäure-Wert zwischen 35 und 100 ng/ml gehen die Behörden von einem gelegentlichen Konsum aus. Dies führt dann – in Verbindung mit dem Vorwurf einer Drogenfahrt – in der Regel zum Entzug der Fahrerlaubnis.

Dieser kurze Überblick zeigt bereits, dass die gegenwärtige Rechtspraxis schwer nachvollziehbar und auf juristischem Weg kaum anfechtbar ist. Das Problem kann insofern nur auf politischer Ebene gelöst werden: durch die Schaffung eines realistischen **Gefahrengrenzwerts** für die Verkehrsteilnahme und durch eine bundesweit einheitliche Auslegung der **gesetzlichen Vorschriften zur Fahreignung** analog zum Alkohol (siehe Seite 78). Diese dringend notwendigen Änderungen sind aber nicht von heute auf morgen und nicht ohne den notwendigen politischen Druck zu erwarten.

Angesichts dieser wenig erfreulichen Aussichten und der schwierigen juristischen Lage ist es für Cannabiskonsumenten ratsam, eine möglichst preiswerte Verkehrsrechtsschutzversicherung abzuschließen, damit sie im Falle eines Falles kostengünstig Unterstützung durch einen Anwalt in Anspruch nehmen können, sowie diejenigen Organisationen zu unterstützen, die sich aktiv für eine Reform dieser Unrechtspraxis einsetzen, wie z.B. den Deutschen Hanfverband und die Grüne Hilfe.

1. Cannabis und Führerschein – ein Dilemma

Seit Mitte der neunziger Jahre müssen immer mehr Cannabiskonsumenten zur Fahreignungsüberprüfung, da die Fahrerlaubnisbehörden davon ausgehen, dass bei einem Cannabiskonsumenten die Gefahr besteht, dass er unter Rauschwirkung am Kraftverkehr teilnimmt. Oft wird der Führerschein durch die Fahrerlaubnisbehörde entzogen, wenn bei einer Verkehrsteilnahme der Wirkstoff THC im Blutserum nachgewiesen wird. Aber nicht nur in Bezug auf eine vermeintliche «Drogenfahrt» laufen Cannabiskonsumenten Gefahr, ihre Fahrerlaubnis zu verlieren. Auch bei Besitzdelikten, selbst wenn es nur geringe Mengen Cannabis waren und das Strafermittlungsverfahren eingestellt wurde, muss grundsätzlich damit gerechnet werden, dass der Betroffene noch Post von seiner Führerscheinstelle erhält.

Die Auswirkungen eines Führerscheinentzugs sind für die Betroffenen enorm. Neben einem möglichen Arbeitsplatzverlust oder der Aufgabe einer selbstständigen Berufstätigkeit sind die Kosten für eine Wiedererteilung der Fahrerlaubnis sehr hoch und können ohne weiteres mehrere 1000 Euro betragen. Zudem muss ein Fahrzeuglenker damit rechnen, dass er mehrere Monate zu Fuß gehen muss, bevor er überhaupt die Möglichkeit hat, seine Fahreignung durch ein entsprechendes Gutachten nachzuweisen.

Mit der Entscheidung des Bundesverfassungsgerichts 1994 (siehe auch Seite 48) wurde der Besitz geringer Mengen Cannabis für den Eigenbedarf ein Stück weit entkriminalisiert. Damit wurde dem Umstand Rechnung getragen, dass aufgrund der vorliegenden wissenschaftlichen Erkenntnisse das Gefahrenpotenzial von Cannabis mit dem von Alkohol vergleichbar ist und in der Regel nicht über die Gefahren hinausgeht, die durch Alkohol zu erwarten sind. Genau diese vom Bundesverfassungsgericht angestoßene Entkriminalisierung des Cannabiskonsums führte aber auch dazu, dass sich der Verfolgungsdruck auf die Cannabiskonsumenten inzwischen in den Bereich der Verkehrssicherheit verschoben hat. Diese stehen oft da wie der Ochs am Berg, weil sie nicht nachvollziehen können, wieso von ihnen eine besondere Gefahr für die Verkehrssicherheit ausgehen soll, wenn sie im Straßenverkehr doch gar nicht aufgefallen und auch nicht unter der Wirkung von Cannabis gefahren sind. Hinzu kommt, dass die rechtlichen Möglichkeiten für die Betroffenen, sich gegen solche Vorwürfe zu wehren, im Bereich des Verwaltungsrechts äußerst begrenzt sind. So fühlen sie sich insbesondere den Verwaltungsbehörden und später der vermeintlichen Willkür der Begutachtungsstellen ausgesetzt.

Dabei haben sie sich häufig überhaupt nichts zuschulden kommen lassen, wenn man einmal davon absieht, dass der Besitz von Cannabis nach wie vor unter das Betäubungsmittelgesetz fällt und sie damit eine Straftat begehen, die allerdings eher im Bagatellbereich anzusiedeln ist. Deshalb scheitern Cannabiskonsumenten auch oft an der psychologischen Begutachtung bei der Medizinisch-Psychologischen Untersuchung (MPU). Denn wie sollen sie sich kritisch mit einer vermeintlichen Drogenfahrt auseinandersetzen, die gar nicht stattgefunden hat oder bei der nach ihrem subjektiven Empfinden keine Rauschwirkung mehr vorlag?

Diese Problematik ist insbesondere darauf zurückzuführen, dass der Gesetzgeber davon ausging, dass die Wirkung des berauschenden Cannabiswirkstoffs Tetrahydrocannabinol (THC) so lange anhält, wie er im Blut nachweisbar ist, und daher einen Null-Promille-Grenzwert eingeführt hat. Dieser wurde zwar zwischenzeitlich vom Bundesverfassungsgericht als verfassungswidrig verworfen; der Gesetzgeber hat es aber bisher nicht für nötig befunden, einen THC-Grenzwert zu normieren, und überlässt die THC-Grenzwertfindung der Rechtsprechung.

Die zuständigen Gerichte wiederum orientieren sich bei der Rechtsprechung am Grenzwertvorschlag einer Grenzwertkommission. Diese hat den rein analytischen Grenzwert von 1 Nanogramm pro Milliliter Blutserum als Entscheidungsschwelle vorgeschlagen. Dieser analytische Grenzwert ist allerdings nicht mit einer für den Betroffenen wahrnehmbaren und damit steuerbaren Wirkung gleichzusetzen – was dazu führt, dass der überwiegende Teil der betroffenen Cannabiskonsumenten bestraft wird, obwohl sie sich subjektiv an das Nüchternheitsgebot gehalten haben und nicht unter einer wahrnehmbaren Rauschwirkung gefahren sind.

Dass der Konsum von Cannabis Auswirkungen auf die Fahrtüchtigkeit haben kann, ist keine Frage. Aus diesem Grunde ist auch überhaupt nicht zu kritisieren, dass der Gesetzgeber die rechtlichen Rahmenbedingungen so umgestaltet hat, dass auch eine Fahrt unter Cannabiseinfluss bestraft werden kann. Niemand wird behaupten wollen, dass Cannabis für die Verkehrssicherheit völlig ungefährlich wäre. Es ist auch nicht zu kritisieren, dass der Gesetzgeber vorschreibt, dass nur diejenigen Personen zum Führen von Kraftfahrzeugen zugelassen werden können, welche über die dafür notwendige körperlich und geistige Leistungsfähigkeit verfügen. Dass die notwendige Leistungsfähigkeit bei einer Sucht- oder Abhängigkeitserkrankung möglicherweise nicht gegeben ist, ist ebenfalls nachvollziehbar. Insofern erscheinen die Rechtsnormen im Bereich des Verkehrsrechts an sich durchaus dazu geeignet, die Verkehrssicherheit zu gewährleisten.

i Dass die neu geschaffenen Rechtsnormen und Verordnungen ausschließlich dem Ziel dienen, die Verkehrssicherheit zu gewährleisten, hat die Bundesregierung erst im Juni 2012 auf eine Anfrage der Linken im Bundestag bestätigt. Der drogenpolitische Sprecher der Linksfraktion, Frank Tempel, stellte hierzu folgende Frage an die Bundesregierung:

Haben die Regelungen des StVG, des StGB, der Fahrerlaubnis-Verordnung (FeV) oder anderer Rechtsnormen, die etwa zu Bußgeldern und Strafen, zum Verlust des Führerscheins oder der Verpflichtung zu einer Medizinisch-Psychologischen Untersuchung (MPU) aufgrund des Konsums berauschender Substanzen führen, ausschließlich die Gewährleistung der Verkehrssicherheit zum Ziel?

Die Bundesregierung antwortete auf diese Frage:
Schutzgut der angesprochenen Normen ist ausschließlich die Sicherheit des öffentlichen Straßenverkehrs. Diesem Ziel dienen insbesondere die entsprechenden Regelungen des StVG, der FeV und der anderen Normen, indem die Eignung zum Führen eines KFZ zu gewährleisten ist.

Hiermit stellt die Bundesregierung unmissverständlich klar, dass die Rechtsnormen nicht etwa dazu dienen sollen, den Konsum von Cannabis als solchen zu bestrafen.

Im weiteren stellte Frank Tempel auch die Frage, inwieweit die Bundesregierung die Auffassung des Bundesverfassungsgerichts von 2002 teilt, dass der Erwerb einer Fahrerlaubnis durch Grundrecht geschützt ist und der Verhältnismäßigkeitsgrundsatz bei allen Maßnahmen gewahrt bleiben muss. In ihrer Antwort bestätigt die Bundesregierung, dass der Erwerb der Fahrerlaubnis zu den Grundrechten zählt und ein Eingriff in dieses Recht dem Verhältnismäßigkeitsgrundsatz entsprechen und verfassungsrechtlichen Grundsätzen genügen muss:

Die entsprechenden Einschränkungen des Rechts zum Führen von Kraftfahrzeugen müssen dem Verhältnismäßigkeitsgrundsatz genügen. Sie müssen erforderlich geeignet und angemessen im engeren Sinne sein, um den Anforderungen der Verfassung gerecht zu werden.

Dass die erwähnten verfassungsrechtlichen Grundsätze in der Rechtspraxis bei Cannabiskonsumenten eingehalten werden, bezweifeln nicht nur unmittelbar Betroffene. Obwohl die Bundesregierung nachweislich beteuert, dass die Änderungen im Verkehrsrecht nicht dazu dienen sollen, den Konsum bzw. den Umgang mit Cannabis als solchen zu bestrafen, wird die Rechtspraxis durch die Betroffenen als Ersatzstrafrecht empfunden.

Betrachtet man die Rechtsentwicklung seit den neunziger Jahren etwas genauer, liegt der Verdacht nahe, dass der Gesetzgeber hier primär die Einschränkungen zu kompensieren sucht, die durch die Entscheidung des Bundesverfassungsgerichts auf Strafrechtsebene entstanden sind (Verstöße gegen das Betäubungsmittelgesetz BetmG). Auch heute, über zehn Jahre nach der Entscheidung des Bundesverfassungsgerichts, werden Fahreignungsüberprüfungen nach wie vor alleine aufgrund von Besitztatbeständen angeordnet, obwohl dies eindeutig verfassungswidrig ist.

Die Verlagerung des Verfolgungsdrucks vom Strafrecht auf das **Verwaltungsrecht** gibt den Betroffenen kaum eine Chance, selbst eindeutig rechtswidrige oder falsche Maßnahmen der Verwaltungsbehörden juristisch überprüfen zu lassen, ohne dass ihnen die Fahrerlaubnis vorher entzogen wird. Das juristische Kernproblem dabei ist, dass die Erteilung einer Fahrerlaubnis oder auch die Anordnung von Überprüfungsmaßnahmen über das Verwaltungsrecht geregelt sind, welches grundsätzlich anderen Spielregeln gehorcht. Hier geht es nicht wie im Strafrecht darum, ein Fehlverhalten zu beweisen und zu bestrafen. Die Beweislast ist umgekehrt: Gegenüber der Fahrerlaubnisbehörde steht der Fahrerlaubnisinhaber oder Bewerber grundsätzlich in der **Beweispflicht** bzw. Bringschuld. Bestehen seitens der Behörde Zweifel an der grundsätzlichen Fahreignung, muss der Betroffene diese durch geeignete Gutachten ausräumen. Kann er dies nicht, stellt die Behörde fest, dass die Person nicht fahrgeeignet ist, und erteilt keine Fahrerlaubnis oder entzieht eine bereits erteilte.

Neben dieser grundsätzlichen «Beweislastumkehr» im Verwaltungsrecht sind im Zusammenhang mit Cannabis folgende Umstände in der Rechtspraxis von wesentlicher Bedeutung:

- Gegen eine Überprüfungsanordnung können **keine Rechtsmittel** eingelegt werden (vorbereitende Maßnahme der Behörde, um eine verwaltungsrechtliche Entscheidung zu treffen).
- Ein verwaltungsrechtlicher Entzug der Fahrerlaubnis wird grundsätzlich **mit sofortiger Wirkung** angeordnet, so dass ein Widerspruch oder eine Klage keine aufschiebende Wirkung hat.
- Die Verwaltungsbehörden können Maßnahmen (Überprüfung/Entzug) anordnen, schon **bevor** ein Fehlverhalten – hier: Drogenfahrt gemäß § 24a StVG – überhaupt rechtskräftig bewiesen ist.

Diese Umstände führen zu erheblichen Konflikten, da das Verwaltungsrecht hier ganz offensichtlich andere Rechtsnormen und Rechtsprinzipien überlagert und missachtet. Stellen Sie sich zum Beispiel folgende Situation vor:

Sie werden morgens auf dem Weg zur Arbeit durch die Polizei kontrolliert. Die Beamten sind aufgrund vermeintlicher Anhaltspunkte davon überzeugt, dass Sie Drogen genommen haben, und verlangen eine Blutentnahme. Einige Wochen später erhalten Sie Post – einmal von der Bußgeldstelle und einmal von Ihrer Fahrerlaubnisbehörde. Von der Bußgeldstelle erhalten Sie einen Bußgeldbescheid. Vorwurf: Sie haben eine Drogenfahrt begangen, da in Ihrem Blut noch Drogen nachgewiesen worden sind. Laut Bußgeldbescheid bekommen Sie dafür vier Punkte in Flensburg, vier Wochen Fahrverbot und eine Geldbuße in Höhe von 500 Euro zuzüglich Auslagen der Polizei. Ferner wird Ihnen mitgeteilt, dass Sie gegen den Bußgeldbescheid Einspruch einlegen können. Nun legen Sie natürlich Einspruch dagegen ein, da Sie noch nie Drogen konsumiert haben und es daher auch nicht sein kann, dass bei Ihnen im Blut Drogen nachgewiesen wurden. Da wir in einem Rechtsstaat leben, werden Fahrverbot und Bußgeld noch nicht fällig, da ja noch nichts rechtskräftig bewiesen ist. Wenig später müssen Sie feststellen, dass Ihnen die Fahrerlaubnisbehörde die Fahrerlaubnis mit sofortiger Wirkung entzogen hat. Ein Widerspruch ist zwar möglich, er entwickelt aber keine aufschiebende Wirkung. Mit Zustellung des Schreibens dürfen Sie somit kein Fahrzeug mehr im Straßenverkehr führen. Begründet wird der Entzug damit, dass bei Ihnen laut Polizeibericht Drogen nachgewiesen wurden und schon der alleinige Nachweis eines Drogenkonsums die Fahreignung per se ausschließt.

Verwaltungsakt abgeschlossen, Führerschein weg, ohne dass Sie jemals zuvor Drogen konsumiert haben – Sie würden zu Recht daran zweifeln, dass Sie in einem Rechtsstaat leben. Tatsächlich ist es schon zu solchen Fällen gekommen, da die Behörde «Tatsachenmeldungen» der Polizei schon als bewiesen ansieht, ohne dass sie tatsächlich bewiesen sind. Wie dies im Alltag aussieht, sei an zwei realen Beispielen geschildert:

Wir schreiben das Jahr 2005, als Peter an seinem Wohnort unweit von Berlin in eine Verkehrskontrolle gerät. Da er als junger Mann ins typische Bild des «Drogenkonsumenten» passt, wird er bei der Kontrolle auch zum Konsum illegaler Drogen befragt. Peter hat bisher keinerlei Erfahrungen mit dem Konsum illegaler Substanzen, also verneint er diese Frage. Den Beamten fallen aber die recht weiten Pupillen von Peter auf, deren Ursachen allerdings auf einen schweren Verkehrsunfall ein Jahr zuvor zurückzuführen sind.

Peter ist mit einem Schnelltest einverstanden. Dieser kann keine Anzeichen von Drogenrückständen belegen. Dennoch sind die Beamten überzeugt, dass Peter Drogen zu sich genommen hat, und bringen ihn zur Blutentnahme auf die Wache. Einige Wochen später flattert Peter, der noch zu Hause wohnt, ein Bußgeldbescheid ins Haus: Verstoß gegen § 24a StVG! Laut Blutgutachten der Rechtsmedizin ist bei Peter der Wirkstoff Amphetamin festgestellt worden. Dieser liegt laut Gutachten um das 24-fache über dem Grenzwert von 25 ng/ml Blutserum. 600 (sechshundert) Nanogramm Amphetamin! Peter ist geschockt und sprachlos. Wie sollen 600 Nanogramm Amphetamin in sein Blut gekommen sein, ohne dass er je Drogen konsumiert hat? Für Peter ist klar: Da muss etwas schiefgelaufen sein. Also legt er gegen den Bußgeldbescheid Einspruch ein. Damit wird der Bußgeldbescheid vorerst nicht rechtskräftig.

In der Folgezeit wird er noch zweimal aus dem Verkehr gezogen, jeweils mit Fahrt zur Wache inklusive Blutentnahme; die Ergebnisse sind aber beide Male negativ, also ohne Drogennachweis. Peter ist mittlerweile bei der Polizei als Betäubungsmittelkonsument registriert und fühlt sich schon fast wie Freiwild. Innerhalb der Familie kommt es zu Spannungen. Ein Teil der Familie glaubt Peter, dass er keine Drogen konsumiert hat, der andere Teil geht davon aus, dass der Drogenkonsum mit der Blutprobe zweifelsfrei belegt ist, auch wenn Peter dies weiterhin bestreitet.

Neben dem Stress mit Polizei und Familie kommt es für Peter aber noch dicker: In einem Brief der Führerscheinstelle wird ihm mitgeteilt, dass erhebliche Zweifel an seiner generellen Fahreignung bestehen. Zur Aufklärung dieser Zweifel soll Peter innerhalb einer bestimmten Frist ein positives MPU-Gutachten vorlegen. Sollte er dies nicht fristgerecht einreichen, wird ihm die Fahrerlaubnis gebührenpflichtig entzogen werden. Begründet wird diese Anordnung mit dem laufenden Bußgeldverfahren, worin ihm vorgeworfen wird, unter der Wirkung von 600 ng/ml Amphetamin ein Kraftfahrzeug geführt zu haben. Da gegen eine MPU-Anordnung keine Rechtsmittel zulässig sind, hat Peter auch nicht die Möglichkeit, sich dagegen zu wehren, ohne den sofortigen Entzug seines Führerscheins hinzunehmen. Mit der MPU-Anordnung hat Peter sogar Glück im Unglück. Die Führerscheinstelle hätte die Fahrerlaubnis auch unmittelbar entziehen können, da der Konsum per se (außer bei Cannabis) schon zum Fahreignungsausschluss führt, auch wenn er noch nicht zweifelsfrei bewiesen ist.

Das Gutachten. Völlig irritiert von den Umstand, dass er sich trotz laufendem Verfahren nicht gegen die MPU-Anordnung zur Wehr setzen kann, beugt er sich dieser Auflage und lässt sich durch ein Institut begutachten. Die Kosten hierfür muss er selber tragen. Der rein medizinische Teil der Begutachtung läuft erwartungsgemäß: Es kann ihm kein aktueller Drogenkonsum nachgewiesen werden, aus medizinischer Sicht bestehen keine Zweifel an seiner Fahreignung. Die obligatorischen Leistungstests besteht Peter ohne Probleme. Im Gespräch mit der Verkehrspsychologin wird Peter intensiv zu seinem aktuellen und zurückliegenden Drogenkonsum befragt. Seine Angaben dazu fallen sehr knapp aus, da er noch nie Drogen konsumiert hat und keinen Konsum einräumen kann, der nie stattgefunden hat.

Es kommt, wie es kommen muss: Da die wahrheitsgemäßen Konsumangaben im krassen Widerspruch zum Blutgutachten in der Führerscheinakte stehen, können die Zweifel an der Fahreignung nicht ausgeräumt werden. Vielmehr äußert die Gutachterin den Verdacht, dass bei Peter eine Drogenproblematik vorliegt, die so weit geht, dass er den eigenen Konsum verdrängt. Peter versteht die Welt nicht mehr. Seinen Glauben an einen Rechtsstaat hat er verloren. Was soll er noch tun? Der Termin für die Gerichtsverhandlung, in der geklärt werden soll, ob im Zuge der Blutentnahme bzw. -analyse etwas schief gelaufen ist, steht immer noch nicht fest. Das Gutachten ist ein Fehlschlag und die Frist, um es einzureichen, läuft bald ab.

Peter hat die Hoffnung, seine Unschuld beweisen zu können, schon aufgegeben. Anscheinend will ihm keiner glauben, dass er mit Drogen nichts am Hut hat – außer seiner Mutter, die alles daran setzt, die Unschuld ihres Sohnes zu beweisen. Sie recherchiert im Internet und telefoniert sich die Finger wund, um an Informationen zu gelangen, die ihrem Sohn in dieser verzwickten Lage weiterhelfen könnten.

In dem nach wie vor hängigen Klageverfahren gegen den Bußgeldbescheid wäre es theoretisch möglich, einen Beweisantrag zu stellen, um feststellen zu lassen, ob eventuell ein Messfehler vorliegt oder sogar die Blutprobe vertauscht oder verunreinigt worden ist. Das Problem dabei ist, dass es noch keinen Termin für die Verhandlung gibt, die Fahrerlaubnisbehörde das Gutachten aber haben oder die Fahrerlaubnis gebührenpflichtig entziehen will.

Auf Anraten eines Experten schlägt man der Begutachtungstelle vor, bei Peter eine Körperhaaranalyse vorzunehmen, da diese einen Konsumzeitraum von circa 24 Monaten erfassen würde. Wenn in dieser Analyse keine illegale Substanz nachgewiesen werden könnte, würde dies die Konsumangaben Peters stützen. Dieser Vorschlag wird vom Begutachtungsinstitut abgelehnt, mit der Begründung, dass ein Abstinenznachweis nur über eine Kopfhaaranalyse möglich sei. Da Peter zu dem Zeitpunkt nur sehr kurze Haare hat, ist am Ergebnis des Gutachtens nicht mehr zu rütteln.

Die Lösung. Weil ein Freispruch sich im anhängigen Bußgeldverfahren nur auf die Sanktionen auswirkt – Bußgeld, Fahrverbot, Punkte – und nicht auf den verwaltungsrechtlichen Entzug der Fahrerlaubnis, ist Peters Mutter klar, dass sie das Verfahren nicht abwarten können. Mit wiederholten Anrufen und Anfragen erreicht sie schließlich, dass der Leiter der Gerichtsmedizin verspricht, die Blutproben von Peter noch einmal auf dem «kleinen Dienstweg» zu prüfen. Es stellt sich dann recht schnell heraus, dass die Blutproben bei der Rechtsmedizin offensichtlich vertauscht worden sind. Die entstandenen Kosten (Verwaltungsgebühren / MPU-Kosten / Rechtsbeistand) werden zwar vom rechtsmedizinischen Institut übernommen, aber das Vertrauen in den vermeintlichen Rechtsstaat ist bei der Familie unwiederbringlich zerstört.

Ein weiteres Beispiel, wie man in die Mühlen des Fahrerlaubnisrechts geraten kann, ohne irgendwelche Drogen konsumiert zu haben, ist die folgende Geschichte:

Paul wird in einen schweren Autounfall verwickelt, dabei schwer verletzt und ist nicht mehr ansprechbar. Der Notarzt am Unfallort hat enorme Schwierigkeiten, bei Paul einen Zugang für die notwendigen Infusionen zu legen. Er versucht mehrfach vergeblich, die Vene in der Armbeuge von Paul mit der Kanüle zu treffen. Nachdem der Zugang gelegt worden ist und Paul für den Transport ins nächste Krankenhaus stabilisiert ist, wird er in die Notfallaufnahme gebracht.

Einige Zeit später kommen die ermittelnden Polizeibeamten ins Krankenhaus, um abzuklären, wie schwer Paul verletzt ist und ob er schon vernehmungsfähig ist.

Da Paul nach wie vor nicht bei Bewusstsein ist, können die Beamten Paul nicht zu dem Unfall vernehmen. Einem der Beamten fällt bei der Visite aber auf, dass die Armbeuge von Paul völlig zerstochen ist. Darüber hinaus werden bei der Blutprobe, die nach Einlieferung ins Krankenhaus genommen wurde, auch noch Opiate in Pauls Blut festgestellt. Für die Polizei steht damit fest, dass sie mit Paul einen Heroinsüchtigen vor sich hat. Losgelöst von den weiter laufenden Unfallermittlungen teilen die Beamten den vermeintlichen Umstand, dass Paul heroinabhängig ist, der Fahrerlaubnisbehörde mit.

Paul ist noch nicht ganz genesen, da flattert ihm ein Schreiben der Führerscheinstelle ins Haus. In dem Schreiben wird ihm mitgeteilt, dass laut Bericht der Polizei bei ihm im Blut Opiate festgestellt worden sind und sich an den Armbeugen unzählige Einstichstellen befinden; daher sei davon auszugehen, dass er heroinabhängig sei. Da ein Drogenkonsum die Fahreignung generell ausschließe, müsse ihm daher die Fahrerlaubnis zur Gefahrenabwehr entzogen werden. Ihm wird eine einwöchige Frist gemäß § 28 VwVFG eingeräumt, um zu dem beabsichtigten Entzug Stellung zu beziehen. Sollte bis dahin keine Stellungnahme eingehen, wird die Behörde die Fahrerlaubnis umgehend entziehen. Da Paul innert der eingeräumten Frist anhand der Krankenhausunterlagen jedoch eindeutig beweisen kann, dass die Mutmaßungen der Polizei nicht richtig sind und er die Opiate im Rahmen der Notfallbehandlung erhalten hat, zieht die Fahrerlaubnisbehörde den angekündigten Entzug schließlich zurück.

Die Rechtsschutzlücke

Fälle wie die beiden hier geschilderten sind zwar eher selten, machen aber deutlich, dass die bestehende Rechtsschutzlücke nicht nur Drogenkonsumenten betrifft und somit eine grundlegende rechtspolitische Dimension besitzt. Dieser Umstand ist auch von zentraler Bedeutung bei der Frage, inwieweit Cannabiskonsumenten tatsächlich noch unter der Wirkung von Cannabis am Kraftverkehr teilgenommen haben.

Da es keinen normierten, sprich gesetzlich festgeschriebenen THC-Grenzwert gibt und der Gesetzgeber damit de facto die Grenzwertfindung den zuständigen Strafgerichten überlässt, hat der Betroffene grundsätzlich die Möglichkeit, gegen den Tatvorwurf einer Drogenfahrt zu klagen, und zwar ohne dass die angedrohten Sanktionen, insbesondere das Fahrverbot, zum Tragen kommen.

Die Möglichkeit, einen realistischen Grenzwert über die Rechtsprechung zu entwickeln, ist in der Regel aber schon dadurch verbaut, dass die Verwaltungsbehörde die Rechtskraft des Klageverfahrens nicht abwarten muss und den Führerschein regelhaft mit sofortiger Wirkung entzieht oder zumindest eine MPU anordnet. Im Fall eines Entzuges hat es für den Betroffenen dann meist keinen Sinn mehr, gegen ein angedrohtes Fahrverbot zu klagen, da der Führerschein ohnehin schon weg ist. Im Falle einer MPU-Anordnung kann sich ein Klageverfahren gegen den Vorwurf einer Drogenfahrt bei der Begutachtung sogar negativ auswirken, da für die Verkehrspsychologen daraus ersichtlich ist, dass der Betreffende sein vermeintliches Fehlverhalten nach wie vor nicht einsieht – ansonsten würde er ja nicht klagen.

Dass die Rechtspraxis bei der Auslegung der Fahrerlaubnisverordnung durch die Verwaltungsbehörden weder sachgerecht noch verhältnismäßig ist, machen die folgenden Beispielsituationen deutlich.

Sie steigen am Morgen ins Auto. Auf dem Weg zum Einkauf geraten Sie in eine Verkehrskontrolle. Da Sie am Vorabend noch Besuch hatten und auch einiges an Wein getrunken haben, bemerken die Beamten eine leichte Alkoholfahne. Sie werden natürlich aufgefordert zu pusten, und es wird ein Restalkohol von 0,4 Promille BAK festgestellt. Schwein gehabt, denken Sie, gerade noch unter dem Grenzwert. Sie hatten zwar noch Restalkohol, der sicherlich nicht ungefährlich ist, aber Sie haben sich formal ans Nüchternheitsgebot gehalten und gehen davon aus, dass damit alles in Butter ist.

Stellen Sie sich nun vor, dass Sie einige Tage später Post von Ihrer Führerscheinstelle erhalten. In diesem Schreiben wird Ihnen mitgeteilt, dass aufgrund der Tatsache, dass bei Ihnen überhaupt Alkohol im Blut nachgewiesen wurde, Zweifel an Ihrer «Trennungsbereitschaft» bestehen und Sie daher aufgefordert werden, dies über ein entsprechendes Gutachten nachzuweisen. Wenn nicht, wird Ihnen die Fahrerlaubnis mit sofortiger Wirkung und gebührenpflichtig entzogen werden. Widerspruch zwecklos, da es keine Rechtsmittel gibt.

Hier dürfte es jedem unmittelbar einleuchten, dass ein solches Vorgehen seitens der Führerscheinstelle nicht sachgerecht, unverhältnismäßig und völlig überzogen ist, da ja schließlich keine Alkoholfahrt im Sinne des Paragraphen 24a StVG vorgelegen hat. Wieso sollten dann Zweifel an einer Trennungsbereitschaft bestehen? Stellen Sie sich im Weiteren folgende Situation vor.

Sie sind bei einem Kollegen eingeladen. An diesem Abend trinken Sie in geselliger Runde zwei Flaschen Bier. Auf dem Weg nach Hause geraten Sie in eine Verkehrskontrolle. Die Beamten stellen fest, dass Sie nach Alkohol riechen, und nehmen Sie mit aufs Revier, um eine Blutentnahme durchführen zu lassen. Einige Wochen später erhalten Sie einen Bußgeldbescheid. Vergehen: Alkoholfahrt. Bei Ihnen wurden noch 0,6 Promille Blutalkoholkonzentration festgestellt. Somit haben Sie eindeutig gegen § 24a StVG verstoßen. Folge: 500 Euro Geldbuße, vier Punkte in Flensburg und ein Monat Fahrverbot.

Nun gut, erwischt, denken Sie sich, Strafe muss sein, es war schließlich auch nicht in Ordnung, sich nach zwei Flaschen Bier ins Auto zu setzen. Aber vier Wochen ohne Auto, das tut schon weh. Das soll es aber auch, damit man sich zukünftig an die Regeln hält und nicht unter Alkoholeinfluss fährt. Abschreckend soll darüber hinaus auch noch der Umstand wirken, dass drei Monate Fahrverbot drohen, wenn erneut unter Alkoholeinfluss am Kraftverkehr teilgenommen wird. Diese Regeln sind verständlich. Wenn jemand es beim ersten Mal noch nicht kapiert, dann sicher beim zweiten Mal.

Stellen Sie sich nun aber vor, dass Sie mit dem ersten Bußgeldbescheid auch schon Post von Ihrer Führerscheinstelle erhalten, in dem Ihnen mitgeteilt wird, dass Sie nach Auffassung der Behörde grundsätzlich nicht für den Kraftverkehr geeignet sind und Ihnen der Führerschein gänzlich entzogen wird. Begründet wird dies durch die Verwaltungsbehörde damit, dass laut Mitteilung der Bußgeldstelle eine Alkoholfahrt begangen wurde und somit belegt sei, dass es Ihnen an einer ausreichenden Trennungsbereitschaft fehlt.

Sie würden sich sicherlich fragen, was das soll. Welche Funktion soll denn die Sanktion (vier Wochen Fahrverbot) haben, wenn die Verwaltungsbehörden offensichtlich gleichzeitig der Auffassung sind, dass die Sanktion gar keine Wirkung in Richtung Verhaltensänderung entfalten kann und der Führerschein zur Gefahrenabwehr unmittelbar entzogen werden muss?

Reine Auslegungssache

Wenn es um Alkohol geht, findet so etwas in der Praxis natürlich nicht statt. Ich kann Alkoholkonsumenten an dieser Stelle daher beruhigen. Bei Cannabiskonsumenten allerdings ist diese Verfahrensweise an der Tagesordnung. Eine solche Verwaltungspraxis führt dann aber dazu, dass die rechtlichen Normen (hier insbesondere § 24a StVG), die eine Drogenfahrt verhindern oder bestrafen sollen, ins Leere laufen und somit das erwünschte Ziel – eine Verhaltensänderung – gar nicht erreicht werden kann. Unter Berücksichtigung dieser Verwaltungsrechtspraxis erscheint der Paragraph 24a StVG deshalb verfassungswidrig.

Viel schwerwiegender ist allerdings, dass sich diese Rechtspraxis nicht nur unmittelbar negativ auf den Betroffenen auswirkt, sondern auch auf die Verkehrssicherheit. Denn durch diese Rechtspraxis wird dem Cannabiskonsumenten vermittelt, dass es völlig unerheblich ist, ob er unter dem Einfluss von Cannabis fährt oder nicht, da er die Fahrerlaubnis ohnehin verliert, unabhängig davon, ob tatsächlich eine Substanzwirkung mit negativen Folgen für die Verkehrssicherheit vorgelegen hat.

Hinzu kommt, dass Cannabiskonsumenten durch den zunehmenden Kontrolldruck und wegen der juristischen Schwierigkeiten vermehrt auf vermeintlich legale Produkte ausweichen. Seit einigen Jahren gibt es einen Boom auf dem Markt für psychoaktive Substanzen, die noch nicht dem Betäubungsmittelgesetz unterworfen sind. Unter dem Oberbegriff «Legal Highs» werden unter anderem THC-ähnliche Kräutermischungen angeboten, die vermeintlich legal und mit den üblichen Verfahren nicht nachweisbar sind. Durch den vermehrten Gebrauch dieser neuartigen Substanzen steigt sowohl das gesundheitliche Risiko für die Konsumenten als auch das Risiko für die allgemeine Verkehrssicherheit. Insofern ist die Rechtspraxis im Verwaltungsrecht nicht nur durch Betroffene kaum nachvollziehbar, sondern sie wirkt sich auch noch negativ auf die Verkehrssicherheit aus.

Wie erwähnt geht es nicht darum, Gefahren, die durch Cannabis entstehen können, zu bagatellisieren, zu verniedlichen oder gar abzustreiten. Vielmehr geht es darum, dass die mit dem Ziel der Verkehrssicherheit aufgestellten Normen so gestaltet werden, dass sie von den Betroffenen nachvollziehbar sind und der Verkehrssicherheit auch tatsächlich dienen. Dazu gehört auch die **THC-Grenzwertfrage**, also der Grenzwert des Cannabiswirkstoffs THC, ab welchem von einer Verkehrsgefährdung ausgegangen werden muss.

Neben den Verwaltungsbehörden, denen in diesem Spiel die entscheidende Rolle zukommt, spielt auch die Polizei als unterste Ermittlungsbehörde eine wesentliche Rolle, zum einen in Bezug auf die Verkehrsraumüberwachung, aber auch in Bezug auf allgemeine Verstöße gegen das Betäubungsmittelgesetz. Die Polizei ermittelt in unserem Staat nicht nur Verstöße gegen Rechtsnormen

(Verstoß gegen das BTMG/Verstoß gegen das Nüchternheitsgebot). Seit der Änderung des Straßenverkehrsgesetzes 1999 muss sie auch Tatsachen, die Zweifel an der generellen Fahreignung begründen können, der Fahrerlaubnisbehörde unmittelbar mitteilen.

In Bezug auf illegale Substanzen belässt es die Polizei aber nicht dabei, zufällig gewonnene Erkenntnisse an die Fahrerlaubnisbehörde zu übermitteln, sondern ermittelt aktiv in Richtung möglicher Konsumgewohnheiten, die Zweifel an der Fahreignung begründen könnten. Diese eifrige Ermittlungspraxis ist nicht zuletzt darauf zurückzuführen, dass Cannabis nach wie vor unter das Betäubungsmittelgesetz fällt, die Polizei den Umgang damit also grundsätzlich verfolgen muss und gleichzeitig feststellt, dass Strafverfahren, insbesondere wenn es um den Besitz einer geringfügigen Menge Cannabis geht, in der Regel eingestellt werden. Alleine mit diesem Umstand haben viele Polizisten schon ein Problem, da sie berufsbedingt davon ausgehen müssen, dass Cannabis hochgefährlich ist. Wenn man dazu noch berücksichtigt, dass mit den eingestellten Verfahren die Arbeit der Polizei eigentlich von vornherein im Papierkorb landet, ist nachvollziehbar, dass nicht wenige Beamte die Änderungen im Straßenverkehrsrecht aktiv nutzen, um den Cannabiskonsumenten Schwierigkeiten zu bereiten.

Dass diese Praxis mitunter so weit geht, dass Blutgutachten manipuliert werden, zeigt ein Fall aus dem Jahre 2011. Hier hatte ein Beamter der Rauschgiftermittlungsgruppe aus Heidenheim, der unter anderem auch zur Verkehrsraumüberwachung eingesetzt wurde, zwischen 2009 und 2011 mehrfach Blutgutachten gefälscht. Aufgrund der gefälschten Gutachten wurden nicht nur Bußgeldbescheide verhängt, sondern auch Führerscheine durch die Verwaltungsbehörde entzogen; einige Betroffene mussten darüber hinaus zum Teil zwölf Monate lang auf ihre Fahrerlaubnis verzichten, um ihre Abstinenz nachzuweisen, und dann auch noch eine MPU-Bescheinigung vorlegen, bevor sie ihre Fahrerlaubnis wieder bekamen. Aufgefallen sind diese systematischen Fälschungen allerdings nicht bei den Verwaltungsbehörden, sondern ausschließlich in den Verfahren, in denen die Betroffenen gegen den Bußgeldbescheid Widerspruch eingelegt hatten. Nur durch diese Verfahren konnten diese Fälschungen aufgedeckt werden. Nachdem der Staatsanwaltschaft die Unstimmigkeiten aufgefallen waren, wurde der Beamte umgehend suspendiert und in einem späteren Verfahren zu zweieinhalb Jahren Haft verurteilt.

Der geschilderte Fall ist sicher ein extremes, eindeutig rechtswidriges und seltenes Beispiel. Festzuhalten ist jedoch, dass die Polizei in ihrer Ermittlungspraxis grundsätzlich alle rechtlich «zulässigen» Möglichkeiten nutzt und es dabei keine Rolle spielt, ob sie in Richtung Besitzdelikte oder in Richtung Rauschfahrt ermittelt. Wie sehr hier die Grenzen zwischen Strafrecht und Verwaltungsrecht verschwimmen, belegen auch Äußerungen von hochrangigen Beamten. So ließ der Stuttgarter Polizeipräsident laut *Stuttgarter Zeitung* vom 25.10.2001 verlauten, dass er den Kampf gegen Ecstasykonsum nun vom Straßenrand aus führen werde:

> *Polizeipräsident M. S. hat gestern eine gemeinsame Strategie der Landeshauptstadt Stuttgart und der Polizei zur Bekämpfung der synthetischen Droge Ecstasy vorgestellt. Autofahrer, die jetzt im Besitz und unter dem Einfluss der Droge in eine Verkehrskontrolle geraten, werden nicht nur nach dem Strafrecht behandelt, sondern müssen mit dem Entzug des Führerscheins rechnen. [...] Vom Straßenrand aus wollen Stadt und Polizei den Missstand weiter bekämpfen, und zwar mit Hilfe des Fahrerlaubnisrechts.*
>
> *«Es ist eine noch schärfere Waffe als das Straf- und Ordnungswidrigkeitsrecht, weil es auf der Gefahrenabwehr beruht», so S.. Es muss also keine Straftat mehr nachgewiesen werden, sondern es genügt eine Prognose über die Fahrtauglichkeit, um ein Strafmaß zu finden. [...] Aber nicht nur der Fahrer, sondern auch aller Beifahrer will die Polizei habhaft werden. Wer mit im Auto sitzt und unter Ecstasy-Einfluss steht oder Pillen bei sich hat, dessen Führerschein beschlagnahmt die Polizei ebenfalls. Ob und wann er zurückgegeben wird, entscheidet wiederum die Führerscheinstelle.*

Sein Kollege, der Leiter des Stuttgarter Rauschgiftdezernats, legte drei Jahre später noch nach, indem er gegenüber der Stuttgarter Zeitung folgendes äußerte:

> *Zudem müsse Cannabis im Fahrerlaubnisrecht künftig wie eine harte Droge, also etwa wie Ecstasy, behandelt werden. Das heißt, so W. (Leiter des Rauschgiftdezernats der Stuttgarter Polizei), Cannabiskonsumenten würden in jedem Fall ihren Führerschein riskieren.*
>
> *Stuttgarter Zeitung, 19.1.2004*

Hier wird erkennbar, dass die Polizei ganz bewusst die Möglichkeiten im Fahrerlaubnisrecht nutzt, um den Umgang mit Stoffen, die dem Betäubungsmittelgesetz unterliegen, zu bestrafen. Diese Haltung ist bei der Polizei weit verbreitet. Die Polizei hat hier grundsätzlich das Problem, dass sie den Umgang mit Cannabis oder anderen illegalen Substanzen primär aus dem strafrechtlichen Fokus betrachten muß und dabei systematisch Grenzen verwischt – nämlich diejenigen zwischen dem Betäubungsmittelstrafrecht und den Verwaltungsrechtsnormen der Verkehrsgesetzgebung, die ausschließlich dem Ziel der Verkehrssicherheit dienen sollen.

Dies wurde unter anderem auch auf dem «Verkehrsforum» der Gewerkschaft der Polizei (GdP) im April 2012 deutlich. Auf diesem Verkehrsforum gab es mehrere Arbeitsgruppen zum Thema Verkehrssicherheit. In der Arbeitsgruppe zum Thema Medikamente wurden die Gefahren, die durch Medikamente für die Verkehrssicherheit entstehen können, erörtert. Unter anderem nahm man auch Bezug auf die Ergebnisse der DRUID-Studie (*Driving Under Influence of Drugs, Alcohol and Medicines*, www.druid-project.eu), da Medikamente eine zunehmende Gefahr für die Verkehrssicherheit darstellen. Die Arbeitsgruppe erarbeitete daraufhin entsprechende Empfehlungen für die Politik. Unter anderem wurde empfohlen, für Medikamente, welche die Verkehrssicherheit besonders gefährden, einen Ordnungswidrigkeits-Tatbestand einzuführen und entsprechende Grenzwerte für eine Verkehrsteilnahme zu entwickeln.

Die Arbeitsgruppe zu Drogen und Verkehrssicherheit befasste sich mit der Frage, wie man mit der zunehmenden Gefahr durch die so genannten «Legal Highs» für die Verkehrssicherheit umgeht. Einer der Referenten, der Staatsanwalt Patzak aus Trier, forderte ein grundsätzliches «Stoffgruppenverbot», um diesem Problem zu begegnen, also die Unterstellung ganzer Stoffgruppen unter das Betäubungsmittelgesetz. Patzak führte in seinem Referat dazu aus, dass man damit die Verbreitung der sogenannten «Legal Highs» einfacher als bisher verfolgen könnte. Bisher könne man die Hersteller bzw. die Anbieter und Verkäufer solcher Substanzgemische nur über das Arzneimittelgesetz haftbar machen, was sehr aufwändig sei. Unterstünden die Substanzen aber alle dem BtmG, würde schon die Weitergabe bzw. der Besitz von geringen Mengen für eine Strafverfolgung ausreichen. Am Ende beschränkte sich der Arbeitskreis zum Thema Drogen und Verkehrssicherheit im Wesentlichen darauf, dem Vorschlag, ein Stoffgruppenverbot zu empfehlen, zu folgen. Eine Forderung nach Grenzwerten,

> eine Forderung, die Substanzen in die Anlage zum Paragraphen 24a StVG aufzunehmen, wurde nicht gestellt – was einmal mehr deutlich macht, wie wenig der Polizei, wenn es um Drogen geht, an der Verkehrssicherheit oder am Verkehrsrecht gelegen ist und wie sehr die Grenzen zwischen Strafrecht und Verkehrsrecht bei der polizeilichen Arbeit verschwimmen.

Durch die 1999 erfolgten Änderungen im Fahrerlaubnisrecht hat die Polizei vielmehr nun die Möglichkeit, in Zusammenarbeit mit den Verwaltungsbehörden (Führerscheinstelle) Cannabiskonsumenten auf dem kurzen bzw. schnellen Dienstweg zu bestrafen. Auf diesem kurzen Dienstweg muss weder etwas bewiesen noch ein rechtskräftiges Urteil erfolgt sein. Es reicht eine Meldung an die Führerscheinstelle, und der Betroffene verliert innerhalb kürzester Zeit seine Fahrerlaubnis. Auch wenn der Polizei nur die wesentliche Rolle der «Informationsbeschaffung» zukommt und letztlich allein die Verwaltungsbehörde entscheidet, inwieweit die zugetragenen Informationen relevant sind, um damit mögliche Fahreignungszweifel zu begründen, wird sie in der Rechtspraxis gleichzeitig zum Richter. Jeder Fund einer Droge, selbst wenn es sich um eine äußerst geringe Menge handelt und kein rechtskräftiger Beweis vorliegt, dass sie dem Betroffenen überhaupt gehört, reicht beispielsweise schon aus, um die Führerscheinstelle aktiv werden zu lassen. Bevor ein ordentliches Gericht ein Verkehrsvergehen bewiesen hat und einen Warnschuss (vier Wochen Fahrverbot) abgibt, hat die Verwaltungsbehörde schon zum finalen Schuss angesetzt und abgedrückt.

Wie absurd ein solches Vorgehen ist, sollte auf der Hand liegen. Niemand könnte nachvollziehen, dass ein verdächtigter Ladendieb, bevor seine Tat bewiesen ist, durch die Verwaltungsbehörde zur Gefahrenabwehr vorsorglich schon mal weggesperrt wird, damit sichergestellt ist, dass von dieser Person keine Gefahr mehr für das Eigentum anderer ausgeht. Und dass er, bevor man ihn dann wieder freilässt, mit einem psychiatrischen Gutachten nachweisen muss, dass er sich nie wieder am Eigentum anderer vergreifen wird. Eben dies aber geschieht in Sachen Drogen tagtäglich im Zusammenspiel zwischen Polizei, Verwaltungsbehörde und der **Auslegung der Fahrerlaubnisverordnung**. Die Auslegung beziehungsweise der Vollzug der Fahrerlaubnisverordnung fällt in die Kompetenzen der Länder, was. bedeutet, dass jede einzelne Behörde die Fahrerlaubnisverordnung nach Belieben auslegen kann, solange die zuständigen Landesbehörden dazu keine genaueren Vorgaben machen. Selbst wenn eine zuständige Landesbehörde die Verfahrensweise und die Interpretation der Fahrerlaubnisverordnung durch Erlass vorgibt, können die Verwaltungsbehörden davon abweichen, da sie sich letztendlich nur an der höchstrichterlichen Rechtsprechung der zuständigen Verwaltungsgerichte orientieren. Die Verwaltungsgerichte entscheiden aber häufig und überwiegend zu Gunsten der Verwaltungsbehörden, solange diese sich an die Buchstaben der Fahrerlaubnisverordnung halten.

Mittlerweile gibt es auch schon Fälle, in denen die Behörden eine MPU angeordnet haben, obwohl die Betroffenen gar keinen Führerschein besaßen. Dennoch bestanden die Fahrerlaubnisbehörden auf der Vorlage eines positiven MPU-Gutachtens; ansonsten würden sie den Betroffenen untersagen, ein Fahrrad im öffentlichen Straßenverkehr zu führen. Die Betroffenen waren völlig entgeistert, dass eine Fahrerlaubnisbehörde eine MPU verlangen kann, wenn jemand gar keinen Führerschein besitzt. Sie klagten natürlich dagegen. Doch die Verwaltungsgerichte bestätigten in allen Instanzen die Vorgehensweise der Fahrerlaubnisbehörden, mit der Begründung, dass die Regeln der Fahrerlaubnisverordnung auch auf Fahrradfahrer anzuwenden seien, da in der Fahrerlaubnisverordnung von «Fahrzeugen» und nicht etwa beschränkt von «Kraftfahrzeugen» die Rede ist. Hier wird einmal mehr deutlich, dass die Verwaltungsgerichte in der Regel stur nach den Buchstaben der Verordnung entscheiden. Aufgrund dieser Entscheidungen laufen Cannabiskonsumenten demnächst Gefahr, dass ihnen von Behördenseite eine MPU aufs Auge gedrückt wird, selbst wenn sie nicht im Besitz einer Fahrerlaubnis sind, denn es könnte ja sein, dass sie bekifft Fahrrad fahren …

Daher ist es auch nicht verwunderlich, dass die Verwaltungsgerichte die derzeitige Entzugspraxis der Verwaltungen – mehr als einmaliger Cannabiskonsum plus THC-Nachweis bei einer Verkehrsteilnahme gleich Fahreignungsausschluss) – durchweg bestätigen, denn so steht es im Mängelkatalog (Anlage 4 FeV 9.2.2, vergleiche Anhang). Dabei wird in aller Regel ausgeblendet, dass Zweifel an der Trennungsbereitschaft – die dann eine MPU-Anordnung zur Folge hätten – nach Auffassung des Verordnungsgebers (Paragraph 14, Abs. 2 Satz 3) erst nach einem wiederholten Verkehrsverstoß (Drogenfahrt) begründet sein können.

Auch hier wird deutlich, dass die verwaltungsgerichtlich bestätigten Verfahrensweisen kaum nachzuvollziehen sind. Was kann daran verhältnismäßig sein, den dritten Schritt schon vor dem ersten zu tun? Darüber hinaus führt diese Praxis dazu, dass die Sanktion für das eigentliche Vergehen grundsätzlich ins Leere läuft und somit kaum den verfassungsrechtlichen Maßgaben entsprechen kann.

Dass die Verwaltungsgerichte nicht über ihren verwaltungsrechtlichen Tellerrand hinausschauen und die Verfassungsmäßigkeit bei ihrer Auslegung der FeV nicht unbedingt prüfen, wird auch daraus ersichtlich, dass die Oberverwaltungsgerichte die bis 2002 gängige Praxis, schon bei Besitz von Betäubungsmitteln die Fahreignung in Frage zu stellen, durchweg als sachgerecht und rechtmäßig bewerteten, bis das Bundesverfassungsgericht diese Praxis als verfassungswidrig zurückwies.

Neben der rechtlichen Grundproblematik, dass das verwaltungsrechtliche Gefahrenabwehrinstrument das Sanktionsrecht völlig überlagert und die Karten im Verwaltungsrecht für den Betroffenen ganz anders verteilt sind als im Strafrecht, scheint auch die Verhältnismäßigkeit nicht gewahrt, wenn man die Folgen vergleicht, die von Alkohol beziehungsweise Cannabis sowohl kurzfristig als auch langfristig für die Verkehrssicherheit ausgehen.

2. Vergleichende Gefahrenanalyse – Cannabis und Alkohol

Es kann kein Zweifel daran bestehen, dass durch den Konsum von Cannabis Gefahren für die Verkehrssicherheit entstehen können. Wer unter der akuten Wirkung von Cannabis am Kraftverkehr teilnimmt, gefährdet nicht nur sich selbst, sondern auch andere Verkehrsteilnehmer. Dies gilt aber auch für legale Substanzen wie zum Beispiel Alkohol und Medikamente. Alle drei Gruppen haben ihr individuelles Gefahrenpotenzial für die Verkehrssicherheit; die Konsummotivation allerdings – der Grund, warum jemand eine bestimmte Substanz einnimmt – wird nur in zwei Gruppen unterteilt.

Bei Medikamenten ist die Konsummotivation in der Regel klar umrissen und beschränkt auf das Ziel, Krankheitssymptome zu mildern oder eine Krankheit zu heilen. Daher ist eine vergleichende Gefahrenanalyse mit den Substanzen, die primär und ausschließlich zu gesellschaftlichen Zwecken und Anlässen konsumiert wird, eher schwierig. Allerdings lassen sich die Substanzen, die ausschließlich zu Freizeitzwecken konsumiert werden, sowohl im Bereich des Gefahrenpotenzials für die Verkehrssicherheit als auch in Bezug auf die sich ergebenden Rechtsfolgen für den Einzelnen vergleichen.

Alkohol und Cannabis miteinander vergleichen? Ist das nicht Äpfel mit Birnen vergleichen? Nein, denn abgesehen vom rechtlichen Status sind die Substanzen Alkohol und Cannabis in Bezug auf Verkehrssicherheitsaspekte klar vergleichbar:

- Sowohl Alkohol als auch Cannabis werden gleichermaßen und ausschließlich zu gesellschaftlichen Anlässen konsumiert.
- Sowohl Alkohol als auch Cannabis haben berauschende Wirkung, die bei akutem Einfluss massive Auswirkungen auf die Fahrleistung hat.
- Sowohl bei Alkohol als auch bei Cannabis können durch einen unkontrollierten Umgang Suchterkrankungen entstehen, die Auswirkungen auf die generelle Fahreignung haben.

Auch die höchstrichterlichen Entscheidungen des Bundesverfassungsgerichts (1994, 2002) weisen auf diese Vergleichbarkeit hin (siehe auch Seite 48, Rechtsentwicklung).

Das Bundesverkehrsministerium, der Verordnungsgeber in Sachen Verkehr, weist in seiner vierten Änderungsverordnung zur Fahrerlaubnisverordnung aus dem Jahre 2008 ebenfalls auf die Vergleichbarkeit hin. Zum einen stellte der Verordnungsgeber mit dieser Änderungsverordnung klar, dass bei einer zurückliegenden Alkoholabhängigkeit, genauso wie bei einer Betäubungsmittelabhängigkeit, nicht nur ein Abstinenznachweis (fachärztliches Gutachten) zur Wiederherstellung der Fahreignung ausreicht, sondern auch hier die Stabilität der Abstinenz über eine psychologische Begutachtung bewertet werden muss. Zum anderen machte der Verordnungsgeber in dieser Änderungsverordnung deutlich, dass die Einhaltung des Nüchternheitsgebotes für beide Substanzgruppen (sowohl Alkohol als auch Betäubungsmittel im Allgemeinen) zu gelten hat und Zweifel an der Trennungsbereitschaft dann bestehen, wenn wiederholt gegen das Nüchternheitsgebot verstoßen wurde.

Für eine vergleichende Gefahrenanalyse sind zwei Fragen maßgeblich:

- Welche Wirkung hat die Substanz, bzw. welche direkten Auswirkungen hat eine Verkehrsteilnahme bei Missachtung des Nüchternheitsgebotes auf das Unfallgeschehen?
- Welche langfristigen Auswirkungen auf die körperliche und geistige Leistungsfähigkeit (Sucht/Abhängigkeit), die unter Umständen die Fahreignung per se ausschließen können, sind bei den unterschiedlichen Substanzen, hier Cannabis und Alkohol, zu erwarten?

Wirkungen und Risiken des Alkoholkonsums

Alkohol beeinflusst Wahrnehmung, Aufmerksamkeit und Reaktionsvermögen, wirkt sich aber auch auf Emotionen und Verhalten aus und hat darüber hinaus einen Einfluss auf grundlegende physiologische Funktionen wie die Regelung der Körpertemperatur und die Atmung. Im Gehirn wirkt er auf den Botenstoffwechsel und beeinträchtigt damit verschiedene Hirnfunktionen: Die Sehleistung wird verringert und das Blickfeld verengt sich (Tunnelblick). Die Risikobereitschaft steigt an. Aufmerksamkeit, Konzentration, Kritik- und Urteilsfähigkeit und Reaktionsvermögen werden beeinträchtigt. Je nach Menge des konsumierten Alkohols können die betreffenden Hirnfunktionen leicht bis sehr stark eingeschränkt sein. Die Reaktionszeit ist zum Beispiel bei einem Blutalkoholwert von 0,8 Promille gegenüber dem nüchternen Zustand um 30 bis 50 Prozent verlängert.

Die Wirkung von Alkohol kann anfänglich als positiv empfunden werden. Mit zunehmender Konsummenge treten negative Emotionen und unangebrachtes Verhalten auf. Die Wirkung hängt dabei auch von der momentanen Verfassung ab. War man vor dem Alkoholkonsum traurig oder wütend, kann etwas Alkohol zu besserer Laune führen; schnell schlägt dies aber um in noch tiefere Traurigkeit und größere Wut.

- Ab einem Blutalkoholwert von **0,5 Promille** wird die Stimmung euphorisch, man wird mitteilsam und hat einen starken Rededrang. Es setzen bereits leichte Koordinationsstörungen ein, die mit zunehmendem Blutalkoholwert in starke Gleichgewichtsstörungen übergehen. Je mehr Alkohol man zu sich nimmt, desto mehr fallen die Hemmungen, man ist zunehmend rücksichtslos und überschätzt sich selbst.
- Vom Rauschstadium spricht man ab einem Blutalkoholwert von etwa **1 bis 2 Promille.** Funktionen wie die Reaktionsfähigkeit und das Gleichgewicht sind bereits stark beeinträchtigt, Emotionen und Verhalten verändern sich. Man wird zunehmend verwirrt und verliert die Orientierung. Es setzen Stimmungsschwankungen und Schläfrigkeit ein. Größere Mengen Alkohol führen zu Übelkeit und Erbrechen.
- Im Betäubungsstadium mit etwa **2 bis 3 Promille** sind die Störungen der allgemeinen Funktionen sehr ausgeprägt. Ein Reaktionsvermögen zum Beispiel ist kaum noch vorhanden.
- Ab einem Blutalkoholwert von **3 Promille** kann eine erwachsene Person bewusstlos werden und ins Koma fallen. Die Körpertemperatur ist dann bereits deutlich gesunken, die Atmung wird schwach, und es kann zu Atemnot bis hin zu Atemlähmung kommen, was tödliche Folgen haben kann.

Die Auswirkungen von Alkohol auf die Verkehrssicherheit

Dass die akute Wirkung von Alkohol massive Auswirkungen auf die Fahrleistung hat, ist allgemein bekannt. Bei Alkohol wurde über Jahrzehnte hinweg ein Grenzwert entwickelt, bei dem man klar von einer leistungsmindernden Wirkung ausgehen muss.

Die Wirkungsgrenze bei Alkohol, die eine negative Auswirkung auf die Verkehrssicherheit hat, liegt bei **0,3 Promille Blutalkoholkonzentration (BAK)**. Schon ab diesem Wert steigt das relative Unfallrisiko signifikant an. Ab 0,5 Promille BAK steigt das relative Unfallrisiko schon auf das 2,5-fache. Das heißt, dass sich schon bei einem Alkoholwert von 0,5 Promille das **Unfallrisiko** gegenüber einem substanzfreien Fahrer mehr als verdoppelt. Ab einem Alkoholwert von über 1,1 Promille steigt das Unfallrisiko gegenüber einem substanzfreien Fahrer schon auf das 10-fache.

Nach Auswertung der bei einer groß angelegten Studie aus 13 europäischen Ländern (DRUID-Studie, vgl. Seite 26) europaweit erhobenen Daten standen circa 3,5 Prozent aller Autofahrer unter Alkoholeinfluss. Illegale Drogen wurden bei rund 1,9 Prozent der Fahrer nachgewiesen. Bei 1,4 Prozent der Fahrer konnten psychoaktiv wirkende Arzneimittel festgestellt werden. Das größte Risiko unter diesen Substanzen stellt der Alkohol dar. Laut einem Bericht der europäischen Beobachtungsstelle für Drogen und Drogensucht zu den Ergebnissen der DRUID-Studie war bei über 24 Prozent der Unfälle Alkoholeinfluss die Ursache. Fast ein Drittel (31,7 Prozent) der getöteten Unfallopfer gehen zulasten von Alkoholfahrten. Erschreckend ist, dass fast 70 Prozent der unfallbeteiligten Alkoholfahrer eine Blutalkoholkonzentration von deutlich über 1,1 Promille aufwiesen.

Unter Alkoholeinfluss leidet nicht nur das Reaktionsvermögen, auch die Urteilskraft lässt stark nach – vor allem bei Personen, die häufiger zu tief ins Glas schauen. Befragungen zeigen, dass insbesondere Personen mit problematischem Alkoholkonsum nicht glauben, dass ihre Fahrtüchtigkeit durch Alkohol beeinträchtigt wird. Zwar wurde auch bei illegalen Substanzen ein erhöhtes Unfallrisiko festgestellt, welches aber deutlich unter demjenigen liegt, das von Alkohol ausgeht. Daher weisen die Autoren auch eindringlich darauf hin, dass die Orientierung hin zu Drogenscreenings im Straßenverkehr nicht zulasten von Alkoholkontrollen gehen dürfe.

In der DRUID-Studie wurden über 50 000 Autofahrerinnen und Autofahrer stichprobenartig auf 25 psychoaktive Substanzen getestet. Sjoerd Houwing führt in seinem Referat *Psychoaktive Substanzen am Steuer: Erkenntnisse des europaweiten DRUID-Projekts* auf einem Symposium der Bundesanstalt für Straßenwesen (BASt) und dem ADAC im Oktober 2012 in Baden Baden aus:

> *Das DRUID-Projekt lieferte auch Informationen über einen kurz zurückliegenden Substanzmissbrauch von Fahrern, die bei einem Autounfall schwer verletzt oder sogar getötet wurden. Dabei stellte sich Alkohol als die am häufigsten nachgewiesene psychoaktive Substanz heraus.*

Unfälle durch Alkohol

Die Unfälle unter Alkoholeinfluss nehmen in Deutschland seit Jahren kontinuierlich ab. Diese Entwicklung kann aber nicht darüber hinwegtäuschen, dass durch den Alkoholkonsum in unserer Gesellschaft nach wie vor die meisten Unfälle verursacht werden. 1991 wurden vom statistischen Bundesamt noch 41 600 Unfälle unter Alkoholeinfluss registriert, bei denen noch 2229 Menschen getötet wurden; diese Zahl ist seitdem kontinuierlich gesunken. Im Jahr 1997 wurden bei 32 884 Unfällen immer noch 1447 Menschen getötet. Im Folgejahr sank die Zahl der registrierten Alkoholunfälle auf 28 736. Das ist ein Rückgang von über 11 Alkoholunfällen pro Tag.

Maßgeblich für diese Entwicklung war wohl das Inkrafttreten des 1998 novellierten Paragraphen 24a StVG, in dem auch die Promillegrenze von früher 0,8 Promille auf 0,5 Promille Blutalkoholkonzentration herabgesetzt wurde. Im selben Jahr sank zugleich die Zahl der Getöteten auf 1114, das sind immerhin 333 Menschenleben, also fast ein Verkehrstoter pro Tag weniger. Dieser Rückgang ist beachtlich, wenn man berücksichtigt, dass die Absenkung der Promillegrenze erst zur Jahresmitte 1998 in Kraft getreten war.

Seither sind die statistisch erfassten Alkoholunfälle kontinuierlich zurückgegangen – nur 2011, als die Unfallzahlen insgesamt stiegen, musste ein leichter Zuwachs verzeichnet werden. Trotz dieser positiven Entwicklung werden durch Alkohol am Steuer pro Tag immer noch 43 Unfälle verursacht, bei denen mindestens ein Mensch sein Leben lässt, 15 Menschen schwer und 40 Personen leicht verletzt werden.

Unfallentwicklung durch Alkohol zwischen 1995 und 2011

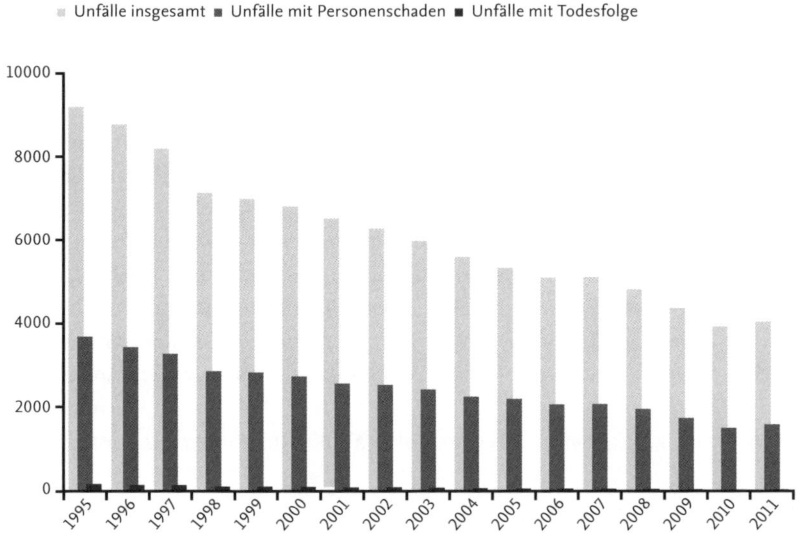

Quelle: Statistisches Bundesamt, Unfälle unter dem Einfluss berauschender Mittel im Straßenverkehr, 2011

An dieser Übersicht wird deutlich, dass sich die gesetzlichen Änderungen, insbesondere die Senkung der Promillegrenze von 0,8 auf 0,5 (1998), positiv auf das Unfallgeschehen ausgewirkt haben. Eine geringe Senkung der Promillegrenze hat zu einer deutlichen Abnahme der Unfallzahlen geführt. Es lässt sich also feststellen, dass die bittere Pille für Alkoholkonsumenten – die Herabsetzung der Promillegrenze – tatsächlich wirkt und ganz klar das richtige Mittel war.

Wirkungen von Cannabis

Wenn es darum geht, die Wirkungen von Cannabis zu beschreiben, muss man sich klar machen, dass es verschiedene Ebenen gibt: die körperliche sowie die psychische und individuelle Wirksamkeit. Welche Erfahrung der Einzelne macht und welche Wirkung er verspürt, ist von vielen Faktoren abhängig. Diese Wirkungen können einzeln oder zusammen, gleichzeitig oder hintereinander auftreten. Sie müssen nicht bei jedem Konsum auftreten, da die aktuelle persönliche Situation des Konsumenten den Drogenrausch immer stark beeinflusst. Ebenso wird die Wirkung von der Qualität der Cannabissorte, dem THC-Gehalt, der Dosierung, aber auch von der Einnahmeweise bestimmt. Ein Joint wirkt erheblich anders als ein cannabishaltiger Keks.

Cannabis führt normalerweise zu einer tiefen, angenehmen Entspannung und Beruhigung, es verlangsamt das Zeitempfinden und vermittelt eine unbeschwerte Leichtigkeit. Die Bewegungen verlangsamen sich und zugleich beschleunigen sich – unmerklich für den Konsumenten – die Herzfrequenz und der Blutdruck. Beim Aufstehen können Schwindelgefühle und Übelkeit auftreten, die bei einem Joint durch Tabak erheblich verstärkt werden. Vor allem bei Nichtrauchern sorgt schon allein der Tabak für Übelkeit. Die Konzentrationsfähigkeit nimmt ab, auch die Reaktionsfähigkeit lässt nach, großer Appetit tritt auf. Einfälle kommen sprunghaft und ungeordnet, das Kurzzeitgedächtnis kann stark beeinträchtigt sein, so dass man sich nicht mehr erinnert, was man gerade

Auswirkungen von Cannabis auf die Verkehrssicherheit

THC-Serum-Konzentration		Wirkung/Leistungseinbußen	Unfallrisiko Vollblut(Drummer)
Möller	über 30 ng/ml	deutliche Beeinträchtigungen in allen Tests	Zwischen 5 und 100 ng/ml 6 fach
	zwischen 5 und 30 ng/ml	signifikante Beeinträchtigungen	
	zwischen 2 und 5 ng/ml	signifikante Beeinträchtigungen nur noch im feinmotorischen Bereich	unter 5 ng/ml 0,6 fach
	zwischen 1 und 2 ng/ml	Beeinträchtigung im feinmotorischen Bereich nicht mehr signifikant	
	unter 1	kein Unterschied messbar	
Vollrath/ Krüger	zwischen 14 und 30 ng/ml	wesentliche Leistungseinschränkungen bei Aufmerksamkeit, Tracking, Psychomotorik	
Berg-haus	über 20 ng/ml	deutliche Leistungseinbußen	
	unter 2 ng/ml	Keine Wirkung	

gemacht hat. Es kommt zu einer Steigerung der Wahrnehmung, die Sinne werden erweitert und intensiviert, Fühlen und Denken verändern sich.

Die persönliche Verfassung des Konsumenten hat immer einen entscheidenden Einfluss auf das Erlebnis und muss daher in jedem Fall berücksichtigt werden. Ein Cannabisrausch bewirkt eine Intensivierung des Erlebens. Dies kann zu großer Euphorie führen, aber auch zu ungewohnten, extremen Angstzuständen. Wer in einer instabilen persönlichen Situation Cannabis nimmt, um schlechte Stimmungen zu vertreiben oder Probleme zu lösen, läuft Gefahr, diese zu verstärken.

Am schnellsten wirkt Cannabis, wenn es durch Rauch oder Wasserdampf direkt in die Blutbahn gelangt, also bei einem Joint oder einer Wasserpfeife. Die Wirkung einer normalen Dosis erreicht ungefähr nach 15 Minuten ihr volles Spektrum und kann bis zu 60 Minuten anhalten. Nach zwei bis drei Stunden ist sie weitgehend vorbei. Die Zubereitung von Cannabis in Speisen und Getränken, beispielsweise in Keksen oder Kuchen, verzögert die Wirkung zum Teil enorm, insbesondere wenn man zusätzlich etwas anderes gegessen hat.

Für weitere Informationen siehe Anhang 1, Studien zur Verkehrssicherheit und Cannabis.

Cannabisunfälle in Deutschland

Unfälle, die durch den Monokonsum von Cannabis verursacht werden, werden statistisch nicht isoliert erfasst, sondern es werden nur sämtliche psychoaktiv wirkenden Substanzen zusammen erfasst, mit Ausnahme von Alkohol. Daher ist auch nicht darstellbar, wie sich die Unfallzahlen alleine für reine Cannabiskonsumenten entwickelt haben.

Aufgrund der Tatsache, dass THC unter den illegalen Substanzen am weitesten verbreitet und am längsten nachweisbar ist, kann davon ausgegangen werden, dass bei den in der Statistik unter «andere berauschende Substanzen» aufgeführten Unfällen zu einem großen Teil Cannabis im Spiel war. Dabei gilt es aber zu berücksichtigen, dass die bei Unfällen festgestellten THC-Werte in der Regel deutlich geringer sind als die Werte, die bei völlig unauffälligen Fahrern gemessen werden. Daher ist fraglich, ob die in der Unfallstatistik erfassten THC-Positivbefunde im Kausalzusammenhang mit dem Unfallgeschehen standen. Dazu ein Beispiel:

Der Fahrer steuert auf eine Kreuzung zu. Aufgrund der tiefstehenden Sonne übersieht er den von rechts kommenden Wagen. Es kommt zu einem schweren Zusammenstoß. Dabei verletzt sich der Unfallverursacher so schwer, dass er ins Krankenhaus kommt. In der Blutanalyse wird beim Fahrer ein geringer THC-Wert nachgewiesen. Der Unfall landet damit automatisch in der Unfallstatistik «andere berauschende Mittel».

Unterstellen wir einmal, dass bei allen Unfällen die unter dieser Rubrik statistisch erfasst wurden, Cannabis im Spiel war. Dann würde sich folgendes Bild ergeben:

Entwicklung der Unfallzahlen unter «anderen berauschenden Mitteln» zwischen 1995 und 2011

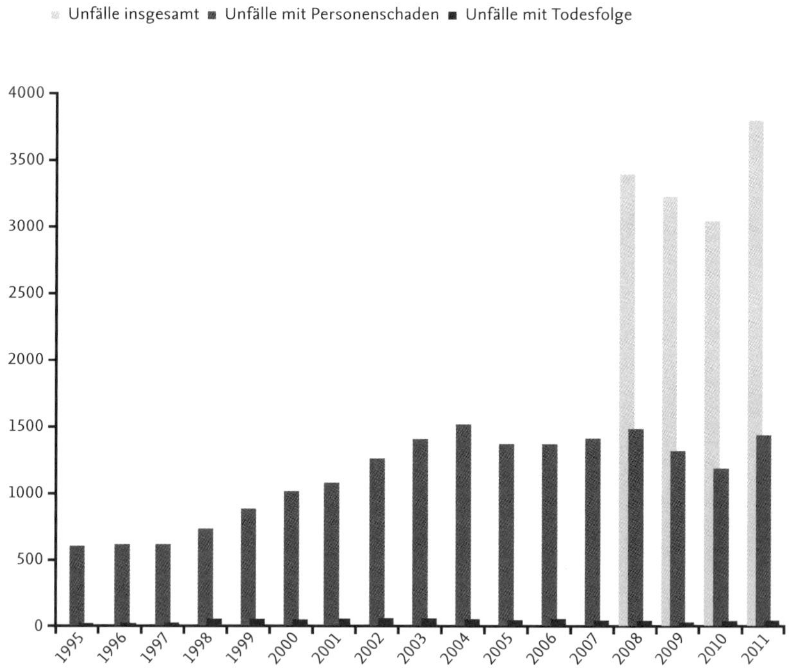

Anmerkung: Unfälle ohne Personenschäden werden erst seit 2008 statistisch erfaßt.

Quelle: Statistisches Bundesamt, Unfälle unter dem Einfluss berauschender Mittel im Straßenverkehr, 2011

Im Gegensatz zu Alkohol entwickeln sich die Unfallzahlen trotz deutlicher Verschärfung im Fahrerlaubnisrecht nicht nach unten, sondern steigen seither deutlich an. Wurden im Jahr 1995 noch 607 Unfälle mit Personenschäden registriert, hat sich deren Anzahl bis 2011 mit 1440 mehr als verdoppelt. Die Anzahl der dabei getöteten Personen hat sich im selben Zeitraum fast verdreifacht, von 17 Verkehrstoten im Jahr 1995 auf 47 Verkehrstote im Jahre 2011.

Die Verschärfung – insbesondere die Einführung der faktischen Nulltoleranz bzw. der Grenze von 1 ng/ml für Cannabis – wirkt sich also scheinbar negativ auf die Unfallentwicklung aus. Die Unfallzahlen gehen nicht zurück, sondern steigen an.

Unfälle durch Alkohol / andere berauschende Mittel 2011

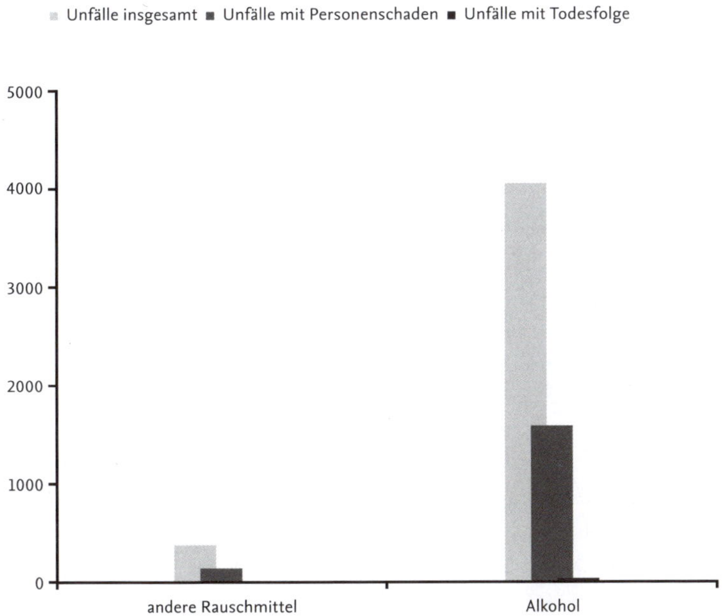

Quelle: Statistisches Bundesamt, Unfälle unter dem Einfluss berauschender Mittel im Straßenverkehr, 2011

Die Ursache dafür liegt aber nicht in dem Umstand, dass mehr Menschen unter Drogeneinfluss am Kraftverkehr teilnehmen, sondern ist alleine darauf zurückzuführen, dass die Messmethoden verfeinert wurden und sich der Kontrolldruck enorm erhöht hat. Dies wird insbesondere deutlich, wenn man sich die Entwicklung bis 1997 und danach anschaut und dabei zugrunde legt, dass 1997 durch die BASt ein Schulungsprogramm namens *Drogenerkennung im Straßenverkehr* für die Polizei herausgegeben wurde und seither immer mehr Polizeibeamte darin geschult werden.

Aus der Grafik wird ersichtlich, dass die tatsächlichen Auswirkungen von «Drogen» auf die Verkehrssicherheit im Vergleich zu Alkohol zwar messbar, aber vergleichsweise klein sind. Insbesondere, wenn man berücksichtigt, dass unter dieser Rubrik auch Medikamente erfasst werden. Neben den Unfallursachen «Alkohol / andere berauschende Mittel» werden in den Schriftreihen des statistischen Bundesamtes u.a. auch Unfälle aufgeführt, die auf eine Übermüdung des Fahrers zurückzuführen waren, und Unfälle, bei denen es aufgrund körperlicher und / oder geistiger Mängel des Fahrers zum Unfallgeschehen kam.

Wenn man nun die Unfallzahlen aus dem Bereich berauschende Mittel (inklusive Alkohol) mit den Unfallzahlen vergleicht, bei denen es aus anderen Gründen zu einem Unfallgeschehen gekommen ist, ergibt sich folgendes Bild (Grafik auf Seite 41).

Daraus wird ebenfalls ersichtlich, dass Alkohol im Straßenverkehr auch in Deutschland die bedeutendste Gefahrenquelle für die allgemeine Verkehrssicherheit darstellt.

Statistisch gesehen ist die Wahrscheinlichkeit 10-mal höher, durch einen alkoholisierten Fahrer im Straßenverkehr zu Schaden zu kommen als durch einen Drogen (inkl. Medikamente) konsumierenden Lenker. Selbst die Wahrscheinlichkeit, durch einen Kraftfahrer im Straßenverkehr zu Schaden zu kommen, der durch andere körperliche oder geistige Leistungsdefizite (hierunter fallen auch altersbedingte Leistungsdefizite) einen Unfall verursacht, ist statistisch gesehen über 2,5-mal höher. Auch ist die Wahrscheinlichkeit, durch einen Fahrer zu Schaden zu kommen, der schlicht und einfach hinterm Steuer eingeschlafen ist, höher als die, durch einen «Drogenfahrer» geschädigt zu werden.

Unfallzahlen mit Personenschaden und deren Ursachen zwischen Januar und Oktober 2012

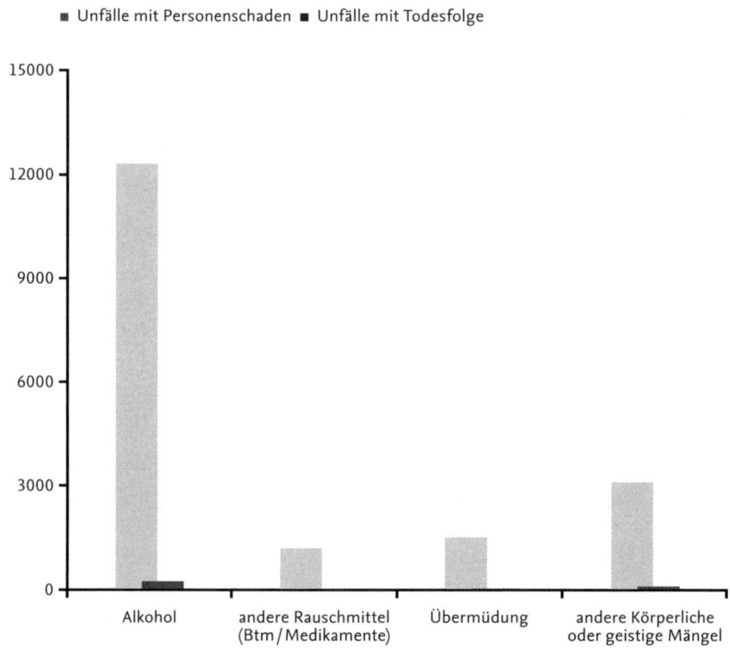

Quelle: Statistisches Bundesamt, Unfälle unter dem Einfluss berauschender Mittel im Straßenverkehr, 2011

3. Cannabis und Alkohol – Rechtslage und Rechtspraxis im Vergleich

Die zu vergleichende Rechtslage gliedert sich in zwei Bereiche, den Bereich des Sanktionsrechts und den Bereich des Präventivrechts:

- **Sanktionsrecht:** Im Sanktionsrecht muss ein Vergehen bzw. ein Fehlverhalten grundsätzlich zweifelsfrei bewiesen sein, damit eine Verurteilung erfolgen kann. Die Beweislast liegt hierbei aufseiten der ermittelnden Behörden. Der Betroffene gilt so lange als unschuldig, bis das Gegenteil bewiesen ist.
- **Präventivrecht:** Im Präventivrecht ist der Betroffene grundsätzlich in der Bringschuld. Das heißt, er ist in der Pflicht, Zweifel, die an seiner Fahreignung bestehen könnten, gegenüber der Behörde auf eigene Kosten auszuräumen. Für die Verwaltungsbehörden müssen die Erkenntnisse, die zu ihren Fahreignungszweifeln führen, rechtskräftig bewiesen sein, um entsprechende Maßnahmen anzuordnen.

Erschwerend kommt für Betroffene beim Präventivrecht hinzu, dass sie die Anordnungen nicht juristisch überprüfen lassen können, weder grundsätzlich noch hinsichtlich der genau zu klärenden Sachverhalte. Rechtsmittel sind an dieser Stelle prinzipiell nicht vorgesehen (vergleiche Kapitel *Rechtsentwicklung*). Wird ein gefordertes Gutachten nicht vorgelegt, schließt die Verwaltungsbehörde auf die Nichteignung und entzieht dann die Fahrerlaubnis. Erst in diesem Moment kann der Betroffene dann Rechtsmittel (**Widerspruch** und **Klage**) gegen diese Entscheidung einlegen.

Das Rechtsmittel des **Widerspruchs**, das grundsätzlich eine aufschiebende Wirkung entfaltet, entwickelt diese aufschiebende Wirkung allerdings nicht, wenn die Behörden zur Gefahrenabwehr den Entzug der Fahrerlaubnis mit sofortiger Wirkung anordnen. Dagegen kann ein Betroffener zwar klagen, dies aber nur als Fußgänger. Zwar gibt es hier auch die Möglichkeit, über ein einstweiliges Rechtsschutzverfahren die aufschiebende Wirkung des Widerspruchs wiederherstellen zu lassen; dieses Vorgehen ist allerdings selten erfolgreich und dauert zudem zwischen acht und zwölf Wochen, in denen man dann in jedem Fall ohne Fahrerlaubnis ist (siehe *Einstweiliges Rechtsschutzverfahren*).

Das **Sanktionsrecht** soll ein Fehlverhalten im Zusammenhang mit einer Verkehrsteilnahme durch Androhung der Strafe verhindern oder bei Missachtung eben mit den angedrohten Strafen eine Verhaltensänderung bewirken. Das Kernziel der Sanktion ist somit, dass die Bestrafung eine Verhaltensänderung erwirken soll. Würde der Gesetzgeber davon ausgehen, dass die angedrohte bzw. zu verhängende Sanktion grundsätzlich keine Wirkung in diesem Sinne entfaltet, wäre die Sanktion bzw. auch schon deren Androhung im Grunde genommen wirkungslos und somit auch verfassungswidrig.

Das Sanktionsrecht greift in der Regel sowohl für Alkohol wie für Cannabis in den Fällen, in denen das Nüchternheitsgebot missachtet wurde. Je nach Schwere der möglichen Beeinträchtigungen, die durch die Substanz verursacht wurden, bewertet der Gesetzgeber eine Fahrt unter dem Einfluss von psychoaktiv wirkenden Substanzen entweder als **Straftat** (absolute Fahruntauglichkeit) oder **als Ordnungswidrigkeit** (relative Fahruntauglichkeit).

- Eine **Straftat** (§ 316 StGB) liegt vor, wenn ein Fahrzeugführer durch den vorangegangenen Konsum von Drogen und/oder Alkohol in seiner Leistungsfähigkeit so weit eingeschränkt ist, dass man davon ausgehen muss, dass er absolut fahruntauglich ist. Bei Alkohol gilt dies als erwiesen, wenn eine Blutalkoholkonzentration von 1,1 Promille oder mehr erreicht ist. Für die illegalen Substanzen gibt es keine feststehenden Promillegrenzen. Hier müssen neben einem positiven Substanznachweis weitere Tatsachen dokumentiert sein, die auf eine absolute Fahruntauglichkeit hindeuten.

i Im weiteren liegt ein Straftatbestand (§ 315b StGB) vor, wenn es zum Beispiel zu einem Unfallgeschehen kommt. Bei Alkohol gilt dies erst als erwiesen, wenn eine Blutalkoholkonzentration von 0,3 Promille oder mehr festgestellt wird. Für illegale Substanzen ist der Straftatbestand schon erfüllt, wenn eine Substanz nachgewiesen werden kann. Die Höhe der festgestellten Konzentration spielt dabei kaum eine Rolle.

- Eine **Ordnungswidrigkeit** liegt vor, wenn eine psychoaktiv wirkende Substanz im Blut nachgewiesen wird, auch ohne dass weitere Ausfallerscheinungen oder Fahrfehler festgestellt werden.

Für Alkohol gibt es einen Grenzwertbereich zwischen 0,5 und 1,09 Promille. Bei Cannabis wird dieser Tatbestand schon als erfüllt angesehen, wenn im Blutserum noch ein THC-Wert von 1 ng/ml oder mehr festgestellt wird.

Zusammenfassend lässt sich feststellen, dass Konsumenten illegaler Substanzen im Vergleich zu Alkoholkonsumenten aufgrund des fehlenden Grenzwerts wegen einer strafbaren Rauschfahrt zwar schwieriger verurteilt werden können; auf der anderen Seite ist die Wahrscheinlichkeit einer Verurteilung in den Fällen, in denen es – auch unverschuldet – zu einem Unfall kommt, sehr hoch. Dies betrifft im besonderen Cannabis, da der Wirkstoff THC im Blutserum sehr lange nachgewiesen werden kann (vergleiche Kapitel *Toxikologie / Grenzwert*).

Sanktionen bei einer Verurteilung

Bei einer Verurteilung haben alle Fahrzeuglenker gleichermaßen folgende Sanktionen zu erwarten:

- **Entzug der Fahrerlaubnis** gemäß Paragraph 69 StGB. Bei Alkoholfahrten über 1,1 Promille wird die Fahrerlaubnis in der Regel schon durch die Polizeibeamten unmittelbar beschlagnahmt bzw. sichergestellt.
- **Sperrfrist:** Neben dem Entzug der Fahrerlaubnis wird in der Regel auch eine Sperrfrist verhängt, vor deren Ablauf keine neue Fahrerlaubnis durch eine Verwaltungsbehörde erteilt werden darf. In der Regel ist hier eine Sperrfrist von zwölf Monaten zu erwarten, mitunter abzüglich der Zeitspanne, in der die Fahrerlaubnis schon sichergestellt bzw. vorläufig entzogen war.
- **Geldstrafe:** Die Höhe der verhängten Geldstrafe ist nicht zuletzt abhängig vom Einkommen des Betroffenen, da das Gericht die Höhe der Strafe in **Hafttagen** bemisst. Die Höhe der Geldstrafe ergibt sich aus dem **Tagessatz**.

  Die Höhe des Tagessatzes ist dann wiederum abhängig vom Einkommen des Beschuldigten: Ein gutverdienender Banker hat eine höhere Geldstrafe zu erwarten als ein Hartz-IV-Empfänger. Dabei spielt es auch keine Rolle, ob der Betroffene Alkohol, Drogen oder Medikamente intus hatte.

Bei einem hängigen Strafverfahren, in dem auch die Frage der Fahreignung bewertet wird, muss die Verwaltungsbehörde den Ausgang des Strafverfahrens zwingend abwarten, bevor sie selber tätig werden darf.

Wurde die Fahrerlaubnis durch das Strafgericht entzogen, müssen alle, unabhängig davon, aus welchem Grund ihnen der Führerschein entzogen wurde, bei der für sie zuständigen Führerscheinstelle eine neue Fahrerlaubnis beantragen, da mit dem Entzug die Fahrerlaubnis gänzlich erlischt und der Führerschein vernichtet wird.

› Hat das Gericht den Führerschein aufgrund einer Alkoholfahrt (zwischen 1,1 und 1,59 Promille BAK) entzogen, stellt der Betreffende lediglich den **Antrag auf Wiedererteilung der Fahrerlaubnis** und erhält dann die Fahrerlaubnis ohne irgendwelche Auflagen zurück. Lag der Alkoholwert über 1,6 Promille, wird die Behörde, bevor sie die Fahrerlaubnis neu erteilt, die Vorlage einer positiven MPU-Bescheinigung fordern, da bei diesem Alkoholwert der Verdacht auf eine Alkoholproblematik besteht.

Auch in Fällen, bei denen in der Vergangenheit zusätzlich schon einmal eine Alkoholfahrt über 0,5 Promille (Ordnungswidrigkeitenbereich) aktenkundig geworden ist, ordnet die Behörde zur Klärung einer möglichen «Trennungsproblematik» eine MPU an.

› Hat das Gericht die Fahrerlaubnis aufgrund eines Drogennachweises entzogen, muss der Betroffene vor Wiedererteilung der Fahrerlaubnis grundsätzlich seine Fahreignung mit einem **positiven MPU-Gutachten** nachweisen – dies sowohl völlig unabhängig davon, wie hoch die festgestellten Drogenwerte bei der Straftat waren, als auch unabhängig von der Frage, ob sich aufgrund einer weiteren aktenkundigen Drogenfahrt Zweifel an der Trennungsbereitschaft begründen lassen würden.

Aus der folgenden Übersicht (auf Seite 46) wird deutlich, dass der Gesetzgeber davon ausgeht, dass die angedrohten und im Zweifelsfall zu verhängenden Strafen im Ordnungrecht grundsätzlich dazu geeignet sind, eine Verhaltensänderung zu erreichen. Dies wird insbesondere deutlich anhand der Tatsache,

Ordnungswidrigkeit: Sanktionssschwellen und -folgen bei Alkohol und Cannabis im Vergleich		
	Alkohol	**Cannabis**
Sanktionsschwelle (§ 24a StVG)	0,5 Promille BAK bis 1,09 Bestimmungsmedium: Vollblut Serum/Vollblutfaktor 1,2	1 ng/ml THC Bestimmungsmedium: Serum Serum/Vollblutfaktor 2,2
Sanktionsfolge 1. Verstoß	500 Euro Bußgeld 4 Punkte in Flensburg 4 Wochen Fahrverbot	500 Euro Bußgeld 4 Punkte in Flensburg 4 Wochen Fahrverbot
Sanktionsfolge 2. Verstoß	Bis zu 3000 Euro Bußgeld 4 Punkte in Flensburg 12 Wochen Fahrverbot	Bis zu 3000 Euro Bußgeld 4 Punkte in Flensburg 12 Wochen Fahrverbot

dass in beiden Fällen eine schärfere Strafe zu verhängen ist, falls die ersten Sanktionsfolgen keine Verhaltensänderung bewirkt haben. Daraus kann man schließen, dass der Gesetzgeber davon überzeugt ist, dass ein Cannabiskonsument genauso wie ein Alkoholkonsument in der Lage ist, durch die Sanktion sein Konsumverhalten gerade hinsichtlich einer Verkehrsteilnahme zu überdenken – sollte die erste Sanktion nichts bewirken, dann funktioniert es ja vielleicht bei einer empfindlicheren Strafe.

Nach einem zweiten Verstoß müssen sowohl Alkohol- als auch Cannabiskonsumenten neben den direkten Sanktionsfolgen damit rechnen, dass durch die wiederholte Auffälligkeit **Fahreignungszweifel** hinsichtlich ihrer Trennungsbereitschaft bestehen.

Die Kriterien dafür, ab wann berechtigte Zweifel an der Fahreignung bestehen und in welchen Fällen die Fahreignung als nicht gegeben anzusehen ist, werden in der Fahrerlaubnisverordnung geregelt. Die Übersicht auf Seite 47 zeigt einen vergleichenden Überblick über die indirekten Folgen einer Rauschfahrt gem. § 24a StVG.

Abgesehen von dem Umstand, dass schon der Besitz von Cannabis oder ein Konsumeingeständnis außerhalb einer Verkehrsteilnahme zu der Anordnung eines fachärztlichen Gutachtens führen kann (vgl. Kapitel *Besitzdelikte*), ist die Verordnungslage in Bezug auf mögliche Verkehrsverstöße, durch die das Trennungsvermögen in Zweifel gezogen werden kann, ähnlich geregelt wie bei Alkohol (siehe Übersicht auf Seite 47 oben).

Indirekte Folgen einer Rauschfahrt unter Alkohol oder Cannabis		
Zweifel an einem ausreichenden Trennungsvermögen	**Alkohol**	**Cannabis**
MPU-Anordnung	§ 13 Abs. 2 Satz b FeV Bei wiederholter Zuwiderhandlung unter Alkoholeinfluss	§ 14 Abs. 2 Satz 3 Bei wiederholtem Verstoß gegen § 24a StVG
Fahreignungsausschluss	Anlage 4 Punkt 8.1 FeV Alkoholmissbrauch; wird beschrieben mit fehlender Trennungsbereitschaft	Anlage 4 Punkt 9.2.2 Umkehrschluss aus: Bei gelegentlichem Cannabiskonsum ist die Fahreignung als gegeben anzusehen, wenn ein ausreichendes Trennungsvermögen vorliegt.
Unmittelbarer Entzug der Fahrerlaubnis aufgrund fehlender Fahreignung (Tatsachenfeststellung)	§ 11 Abs. 7 FeV Steht die Nichteignung des Betroffenen zur Überzeugung der Fahrerlaubnisbehörde fest, unterbleibt die Anordnung zur Beibringung des Gutachtens.	§ 11 Abs. 7 FeV Steht die Nichteignung des Betroffenen zur Überzeugung der Fahrerlaubnisbehörde fest, unterbleibt die Anordnung zur Beibringung des Gutachtens.

In der Praxis wird die Fahrerlaubnisverordnung durch die Verwaltungsbehörden aber wie folgt ausgelegt:

Auslegung der FeV durch die Verwaltungsbehörden		
	Alkohol	**Cannabis/Betäubungsmittel**
1. Verstoß gem. § 24a StVG (0,5 bis 1,09 Promille BAK, bzw. ab 1 ng/ml THC/Serum)	Keine Zweifel am Trennungsvermögen	Entzug der Fahrerlaubnis mit Verweis auf Anlage 4 Punkt 9.2.2 in Verbindung mit § 11 Abs. 7 FeV
2. Verstoß gem. § 24a StVG (0,5 bis 1,09 Promille BAK, bzw. ab 1 ng/ml THC/Serum)	MPU-Anordnung, Zweifel an einem ausreichenden Trennungsvermögen gem. § 13 Abs.2 FeV	

Informationseingang bei der Behörde: z.B. Meldung gemäß § 2 Abs. 12 StVG, oder Meldung über Rechtskraft eines Bußgeldbescheides

Aus der Übersicht wird deutlich, dass die Verwaltungsbehörden bei Cannabis die Vorgaben hinsichtlich der Frage, ab wann berechtigte Zweifel an der Fahreignung eine MPU-Anordnung rechtfertigen, grundsätzlich missachten und unmittelbar auf die Nichteignung schließen und die Fahrerlaubnis entziehen. Diese Praxis wird durch die zuständigen Verwaltungsgerichte bisher durchgängig bestätigt.

Rechtsentwicklung von 1994 bis heute

1992

Im Jahre 1992 legte Wolfgang Nescovic – Strafrichter, Bundesrichter a.D. und derzeit Bundestagsabgeordneter – eine **Verfassungsbeschwerde** vor. Als damaliger Vorsitzender des Landgerichts Lübeck rügte er das grundsätzliche Cannabisverbot, da der Umgang mit Cannabis in unserer Gesellschaft mit weniger Gefahren behaftet ist als der Umgang mit Alkohol und die grundsätzliche Bestrafung deshalb eine unzulässige und somit verfassungswidrige Ungleichbehandlung darstellt.

1994

Am 9. März 1994 entschied das Bundesverfassungsgericht, dass es zwar kein Grundrecht auf Rausch gibt, die grundsätzliche Sanktionierung bei Besitz für den Eigenbedarf – gemessen an den tatsächlichen Gefahren, die durch Cannabis entstehen können – jedoch unverhältnismäßig erscheint. Daher verfügte das höchste deutsche Gericht, dass Strafermittlungsverfahren wegen Besitz einer geringen Menge Cannabis für den Eigenbedarf grundsätzlich einzustellen seien. Damit konnten die Strafverfolgungsbehörden nicht mehr jeden Besitz von Cannabis mit dem Strafrecht sanktionieren.

Am 25. März 1994 trat unter anderem in Nordrhein-Westfalen ein Erlass in Kraft, der die Fahrerlaubnisbehörden anwies, bei Cannabis-Besitzdelikten – insbesondere bei Besitz von geringen Mengen für den Eigenbedarf als Konsumindiz – die Fahreignung des Betreffenden durch die Führerscheinstellen in Zweifel zu ziehen.

Rechtsgrundlage war damals Paragraph 15b der Straßenverkehrszulassungsordnung. Bei einer entsprechenden Meldung durch die Staatsanwaltschaften, dass ein Strafermittlungsverfahren gemäß Paragraph 31a BtMG eingestellt worden sei, sollten die Betroffenen dann zu einem Drogenscreening (Blut/Urin) binnen

> 8 Tagen aufgefordert werden. Die Kosten dafür, damals circa 250 D-Mark, mussten von den Betreffenden getragen werden. Falls sich der Konsument einer solchen Überprüfungsmaßnahme nicht unterziehen würde, sollte die Fahrerlaubnis umgehend entzogen werden. Wenn bei dem angeordneten Screening der Konsum von Cannabis nachweisbar war, musste der Betroffene mit einem weiteren Screening oder mit einer MPU-Anordnung rechnen. Die Kosten dafür waren ebenfalls durch den Betroffenen zu bezahlen. Wenn über das Screening ein regelmäßiger Konsum von Cannabis festgestellt wurde, sollte die Fahrerlaubnis kostenpflichtig entzogen werden. An diesem Runderlass bzw. an der Erarbeitung der Kriterien, um zu beurteilen, ab wann ein die Fahreignung ausschließender regelmäßiger Konsum anzunehmen sei, hatte Prof. Dr. Thomas Dahldrup von der Rechtsmedizin Düsseldorf maßgeblich mitgewirkt.

Diese Verfahrensweise wurde dann durch das Bundesland Bremen übernommen. Auch in den anderen Bundesländern wurden ländereigene Richtlinien zur **Überprüfung der Fahreignung bei Cannabis** geschaffen.

Im Mai 1994 startete das Bundesland Bayern eine Gesetzesinitiative und brachte einen Antrag in den Bundesrat ein (Bundesratsdrucksache 420/94), der die Sanktionierung von Drogenfahrten ermöglicht, ohne dass dazu objektive Leistungseinbußen festgestellt werden müssten.

1996

Im April 1996 reagierte die damalige Bundesregierung mit einer konkreten Gesetzesinitiative. Demnach sollten «Drogenfahrten», bei denen keinerlei Auffälligkeiten feststellbar waren, als Ordnungswidrigkeit eingestuft werden, analog zum Grenzwert von 0,8 Promille (bzw. seit 1998 0,5 Promille) Blutalkoholkonzentration (BAK). Anders als bei Alkohol sollte dieser Tatbestand schon erfüllt sein, wenn unabhängig von einer möglichen Rauschwirkung eine illegale Substanz im Blutserum nachgewiesen würde.

1997

1997 entwickelte die Bundesanstalt für Straßenwesen (BaSt) ein Schulungsprogramm für Polizeibeamte mit dem Titel *Drogenerkennung im Straßenverkehr.*

Mit diesem Schulungsprogramm sollen Polizeibeamte darauf geschult werden, Drogenkonsumenten zu erkennen.

Die Überprüfungspraxis wurde auf dem Kongress der Deutschen Gesellschaft für Verkehrsmedizin 1997 erstmals durch Dr. Bernard Bode kritisiert. Bode verweist in seinem Aufsatz unter anderem auf den Sachstand hin, dass gemäß der Entscheidung des Bundesverfassungsgerichts von 1994 («Haschischurteil») die allgemeinen Gefahren, die durch Cannabis entstehen können, mit denen von Alkohol vergleichbar sind, und zitiert wie folgt aus der Entscheidung, «[...] dass der Mißbrauch von Alkohol Gefahren sowohl für den einzelnen wie auch die Gemeinschaft mit sich bringt, die denen des Konsums von Cannabisprodukten gleichkommen oder sie sogar übertreffen». Weiter führt er dazu aus:

Wenn der Erwerb von 1,85 g Haschisch ein Drogenscreening rechtfertigen soll – wie der VGH Baden-Württemberg annimmt – müsste auch der Erwerb einer kleinen Flasche Schnaps durch den Fahrerlaubnisinhaber Anlaß zur Aufklärung eines etwaigen regelmäßigen bzw, gewohnheitsmäßigen Alkoholkonsums geben. Tatsächlich wird eine solche Aufklärung nicht einmal bei den Fahrerlaubnisinhabern veranlasst, die mehrere große Flaschen Schnaps sowie mehrere Kästen Bier erwerben und diese mit dem PKW vom Getränkemarkt in ihre Wohnung schaffen. Die Ungleichbehandlung von Alkohol- und Haschischerwerbern liegt auf der Hand.

1998

1998 wurde die Überprüfungspraxis – Cannabisbesitz gleich Fahreignungsüberprüfung – erstmals durch die Opposition kritisch hinterfragt, nämlich durch den grünen NRW-Landtagsabgeordneten Daniel Kreutz, der damals in seiner Fraktion für den Bereich Drogenpolitik zuständig war und auch mit der Landesarbeitsgemeinschaft Drogenpolitik zusammenarbeitete.

Als Landtagsabgeordneter wollte Daniel Kreutz die in dem Runderlass festgeschriebene Verfahrensweise im Parlament hinterfragen. Nachdem er über den Hebel der kleinen Anfrage Fragen zu der Verfahrensweise ausformuliert hatte, teilte ihm der damalige NRW-Verkehrsminister Bodo Hombach mit, dass eine solche Anfrage zurzeit nicht beantwortet werden könne, da in einigen Wochen die Abstimmung zur Fahrerlaubnisverordnung im Bundesrat anstünde und die angesprochene Erlasslage sich in Nordrhein-Westfalen damit möglicherweise erübrigen würde. Als Anlage wurde Daniel Kreutz dann die im Bundesrat zur Abstimmung stehende Fahrerlaubnisverordnung in ihrer Urfassung übermittelt.

Da sich aus der Fahrerlaubnisverordnung allerdings ergab, dass die reine Besitzüberprüfung nunmehr selbst in einer Bundesverordnung festgeschrieben werden sollte, fasste Daniel Kreutz mit einer erneuten kleinen Anfrage nach. Diesmal wollte er wissen, wie sich das damals rot-grün regierte Bundesland bei der Abstimmung verhalten werde. Der damalige Verkehrsminister teilte dem Abgeordneten daraufhin lapidar mit, dass das Land NRW der Fahrerlaubnisverordnung in dieser Form zustimmen würde. Die Zustimmung zu dieser Verordnung begründete der Verkehrsminister damit, dass ja wohl bekannt wäre, wie gefährlich es sei, unter Drogen/Cannabiseinfluss am Kraftverkehr teilzunehmen.

Am 1. August 1998 trat dann der novellierte **Paragraph 24a StVG** in Kraft, der bis dahin nur Alkoholdelikte unterhalb der absoluten Fahruntauglichkeit (zwischen 0,5 und 1,09 Promille BAK) erfasst hatte. Seit diesem Zeitpunkt wird jeder Nachweis von Drogen im Blutserum mit Geldbuße, Punkten und Fahrverbot sanktioniert. Sollte die Substanz allerdings bestimmungsgemäß, sprich ärztlich verordnet eingenommen worden sein, liegt keine Ordnungswidrigkeit vor. Begründung dafür ist, dass auch im medizinischen Bereich mitunter Substanzen verabreicht werden, die dem Betäubungsmittelgesetz unterliegen.

Am 3. November 1998 stellte der Bundesgerichtshof in einem Beschluss (AZ: 4StR 395/98) klar, dass weder der alleinige Substanznachweis (hier: Kokain) noch die zusätzliche Feststellung einer drogenbedingten Pupillenstarre eine strafbare Drogenfahrt belegen würden. Vielmehr müssten weitere Tatsachen dokumentiert sein, die eine absolute Fahruntauglichkeit (bei Alkohol 1,1 Promille) belegen.

1999

Zum 1. Januar 1999 traten dann weitere Änderungen im Bereich des Straßenverkehrsrechtes in Kraft. Von Bedeutung ist hier zum einen die «Meldepflicht» der Polizei bei Fahreignungsbedenken. Hierfür trat § 2 Abs. 12 des Straßenverkehrsgesetzes (StVG) in Kraft. Gemäß diesem Paragraphen sind Informationen, die auf einen nicht nur vorübergehenden Eignungsmangel hindeuten, umgehend der Fahrerlaubnisbehörde mitzuteilen. Zum anderen trat die **Fahrerlaubnisverordnung (FeV)** in Kraft und regelt seitdem die Vorgehensweise der Verwaltungsbehörden, die für die Erteilung einer Fahrerlaubnis zuständig sind.

Neben den Änderungen der Fahrerlaubnisklassen (Umstellung auf EU-Norm) werden die Kriterien für die generelle Fahreignung hinsichtlich diverser Krankheitsbilder und Mindestanforderungen in den Anlagen 4 und 5 der FeV festgeschrieben. Auch die anzuordnenden Maßnahmen bei Zweifeln an der Fahreignung werden für die Verwaltungsbehörden genau vorgegeben.
Die in den diversen Ländererlässen schon seit 1994 geregelte **Besitzüberprüfung** bei Cannabis fand somit Einzug in eine Bundesverordnung und regelte damit bundeseinheitlich, dass schon der Besitz von einer geringen Menge Cannabis erhebliche Fahreignungszweifel begründen kann und ein entsprechendes Gutachten auf Kosten des Betreffenden einzufordern ist.

Ebenfalls im Jahre 1999 wurde erstmals ein **Forschungsauftrag zur Umsetzung der Fahrerlaubnisverordnung** in den einzelnen Bundesländern durch die Bundesanstalt für Straßenwesen ausgeschrieben.

Bündnis 90/Die Grünen hatten sich für einen solchen Forschungsauftrag im Verkehrsausschuss eingesetzt. Dies lag nicht zuletzt daran, dass gerade die damalige Landesarbeitsgemeinschaft (LAG) Drogenpolitik NRW sich frühzeitig mit dem Thema Cannabis und Fahreignungsüberprüfung auseinandergesetzt und dieses Thema auch beim Bundesnetzwerk Drogenpolitik der Grünen eingebracht hatte. Dies führte dazu, dass sich auch die Bundestagsfraktion – damals noch in der Opposition – mit dem Thema befasste und unter anderem bei Professor Böllinger (Juristische Fakultät Bremen) eine verfassungsrechtliche Stellungnahme dazu einholte und dazu eine Veranstaltung in der Bundestagsfraktion durchführte. Als Regierungspartei, die sogar die damalige Drogenbeauftragte (Christa Nickels) stellte, konnte sie so ein Vorhaben im Verkehrsausschuss durchsetzen.

Dieser Forschungsauftrag, der von der Universität Wuppertal durchgeführt wurde, wurde allerdings nie veröffentlicht. Grund dafür waren wohl die nicht zufriedenstellenden Ergebnisse. Im Ergebnis konnte nämlich festgestellt werden, dass die Fahrerlaubnisverordnung in den einzelnen Bundesländern sehr unterschiedlich ausgelegt wird.

Obwohl die Ergebnisse der Studie mehrfach durch die Auftragnehmer «weichgespült» werden mussten, konnte sich der Verkehrsausschuss des Bundestages als Auftraggeber nicht dazu durchringen, die Ergebnisse zu veröffentlichen. In der Regel werden die Studien, die über die Bundesanstalt für Straßenwesen ausgeschrieben werden, in der Schriftenreihe *Mensch und Sicherheit* veröffentlicht . Die Ergebnisse dieses Forschungsauftrags aber wurden nicht veröffentlicht und verschwanden im politischen Giftschrank. Erst auf Nachfrage der Bundestagsfraktion von Bündnis 90/Die Grünen im Bundestag äußerte sich die Bundesregierung zu der Frage, wieso diese Studie nicht veröffentlicht wurde: Die Studie – die immerhin umgerechnet circa 100 000 Euro gekostet hatte – sei ausschließlich erstellt worden, damit sich der Bundesrat (Ländervertretungen) einen Überblick über die Verfahrensweisen machen könne, um sie letztendlich zu harmonisieren.

2001

Im Juli 2001 entschied das Bundesverwaltungsgericht, die letzte Instanz für die Verwaltungsbehörden, dass weder der Besitz einer geringen Menge Cannabis noch der gelegentliche Konsum als solches für sich alleine genommen **Fahreignungszweifel** begründen können, die eine Überprüfungsanordnung rechtfertigen. Das Gericht stellte unter anderem klar, dass die Verwaltungsbehörden die Fahreignungsbedenken nachvollziehbar begründen müssten, nicht zuletzt aufgrund der Tatsache, dass eine Überprüfungsanordnung als solche nicht mit juristischen Mitteln überprüfbar ist, und führt dazu aus:

> *Es kommt hinzu, dass einem Betroffenen kein rechtliches Mittel zur Verfügung steht, die Frage der Berechtigung der Zweifel und damit der Aufforderung vor dem Erlass einer Entziehungsverfügung verbindlich klären zu lassen; er trägt daher das alleinige Risiko sowohl bei einer Weigerung, die – wenn von Behörden und Gerichten im Entziehungsverfahren als unberechtigt erkannt – regelmäßig zur Entziehung der Fahrerlaubnis führt, als auch bei einer Befolgung, die selbst dann den Beleg seiner Ungeeignetheit erbringen kann, wenn die Aufforderung als solche sich bei einer gerichtlichen Prüfung als nicht berechtigt erweisen sollte. […] Um zu vermeiden, dass solche Risiken ein unverhältnismäßiges und unzumutbares Ausmaß erreichen, muss die Behörde der Versuchung widerstehen, gewissermaßen durch «Schüsse ins Blaue»*

> *auf der Grundlage eines bloßen «Verdachts-Verdachts» dem Betroffenen einen im Gesetz nicht vorgesehenen Eignungsbeweis aufzuerlegen; eine solche Vorgehensweise wäre selbst nicht mit Hinweis auf Gefahren zu rechtfertigen, die im Straßenverkehr durch den Konsum von Cannabis entstehen können.*

2002

Im Juni 2002 stellt auch das Bundesverfassungsgericht in einem weiteren Fall fest, dass die reine **Besitzüberprüfung** verfassungswidrig erscheint, und führt hierzu aus:

> *Die gesetzlichen Anforderungen an die Art und Intensität des Verdachts, der solche Folgen auslösen kann, müssen allgemein und ihre Rechtsanwendung muss im Einzelfall dem Grundsatz der Verhältnismäßigkeit gerecht werden. Die Beschränkungen sind nur angemessen, wenn die Behörde im Zuge der Ausübung der gesetzlichen Ermächtigung zur Fahreignungsüberprüfung hinreichend konkrete Verdachtsmomente feststellt, die einen Eignungsmangel als naheliegend erscheinen lassen [...]. Es trägt dem verfassungsrechtlichen Grundsatz der Angemessenheit der eingreifenden Maßnahme im Verhältnis zum Anlass des Einschreitens Rechnung, wenn das Bundesverwaltungsgericht in seiner neueren Rechtsprechung davon ausgeht, dass der einmalige oder nur gelegentliche Cannabiskonsum ohne Bezug zum Straßenverkehr nicht als hinreichendes Verdachtselement zu bewerten ist (vgl. BVerwG, NJW 2002, S. 78–80).*

Im weiteren stellen die Richter in dieser Entscheidung auch die Voraussetzungen für einen hinzunehmenden Entzug der Fahrerlaubnis klar, indem sie darlegen, dass bei Cannabiskonsumenten keine anderen Maßstäbe gesetzt werden dürfen als diejenigen, welche allgemein an Personen gestellt werden, die zum Führen eines Kraftfahrzeuges zugelassen werden wollen:

> *Diese absehbaren Folgen einer Fahrerlaubnisentziehung muss der Betroffene hinnehmen, wenn hinreichender Anlass zu der Annahme besteht, dass aus seiner aktiven Teilnahme am öffentlichen Straßenverkehr eine Gefahr für dessen Sicherheit resultiert. Das Sicherheitsrisiko muss deutlich über demjenigen liegen, das allgemein mit der Zulassung von Personen zum Führen von Kraftfahrzeugen im öffentlichen Straßenverkehr verbunden ist.*

Darüber hinaus erläutern die Richter, was neben dem Fahreignungsausschluss aufgrund von körperlicher und geistiger Leistungsdefizite unter einen **Fahreignungsausschluss** wegen charakterlicher Nichteignung zu verstehen ist. Demnach stellt der illegale Umgang mit Cannabis keine Tatsache dar, die auf eine charakterliche Nichteignung schließen lässt, sondern es geht um die Frage des «Trennungsvermögens», sprich der Bereitschaft, sich an das allgemeingültige Nüchternheitsgebot für die aktive Verkehrsteilnahme zu halten.

Einen Monat später beschließt das Bundesverfassungsgericht in einer weiteren Verfassungsbeschwerde, dass bei Konsumspuren im Fahrzeug – hier war es ein Jointrest im Aschenbecher – eine **Überprüfungsanordnung** seitens der Behörde verfassungskonform ist, da solche Spuren den Verdacht nahelegen, dass der Lenker unter Drogeneinfluss am Kraftverkehr teilgenommen hat.

Zwischen Juli 2002 und Januar 2003 reagieren die Bundesländer auf die höchtrichterlichen Entscheidungen und ändern ihre bis dahin geltenden Ausführungsbestimmungen. Diese schrieben die Verfahrensweise bei Besitzdelikten von Cannabis seit Mitte 1994 vor und kamen auch unter der neuen Verordnungslage nach FeV als Länderrichtlinie für die jeweiligen Verwaltungsbehörden zum Tragen. Allen gemeinsam ist, dass sie auf die verfassungsrechtlichen Maßgaben, die das Bundesverfassungsgericht 2002 aufgestellt hat, hinweisen, insbesondere diejenige, dass ein Besitzdelikt als solches keine Überprüfungsmaßnahmen rechtfertigen könne.

Im weiteren wurden die Richtlinien auch dahingehend konkretisiert, ab wann jemand zur einer Risikogruppe zählt oder der Verdacht auf einen erheblichen Cannabismissbrauch besteht, bei dem auch eine Überprüfung aufgrund des alleinigen Besitzes verfassungskonform erscheint.

So beauftragte z.B. das Verkehrsministerium in Hessen das Medizinisch-Psychologische Institut (MPI) des TÜV Hessen damit, mögliche Indikatoren für die Verwaltungsbehörden auszuformulieren, die einen erheblichen Haschischmissbrauch begründen könnten. Den Ausführungen des MPI zur Frage **möglicher Hinweise auf Dauerkonsum** ist unter anderem folgendes zu entnehmen:

Konsumfrequenz:

- wiederholte Auffälligkeit als gelegentlicher Konsument im längeren Zeitabstand (mehr als 6 Monate)
- eingeräumter Konsum über einen Zeitraum von ca. einem Jahr

- Konsum von THC an mehr als einer Gelegenheit an einem Tag oder mehr als 2 Tagen in einer Woche oder an Wochentagen
- Eingeräumter Konsum an mehr als 2–3 Gelegenheiten im Monat

Konsumintensität:

- eingeräumter Konsum von 0,5 g (oder mehr) Haschisch oder Marihuana bei einer Gelegenheit
- wiederholter Eigenerwerb von THC in Mengen von mehr als 1 g Haschisch.
- Einmaliger Erwerb zum Eigenkonsum von deutlich mehr als einer Monatsdosis eines seltenen Gelegenheitskonsumenten (also mehr als 2–3 g Haschisch oder Gras oder für mehr als 20 Euro)

Rahmenbedingungen des Konsums:

- Straftaten zur Finanzierung des Eigenkonsums (Diebstahl, Betrug, Schulhoferpressung etc.)
- Gebrauch von speziellen Haschisch-Rauchuntensilien (z.B. Wasserpfeifen), die Hinweise auf einen Konsum von deutlich höherer Wirkstoffintensität darstellen.
- Eigenanbau von wirkstoffreichen Hanfpflanzen oder Besitz von «Seeds» (Haschischsamen)

Pikant erscheint hier, dass das Land Hessen Anteilseigner des TÜV Hessen ist, der laut seinem Webauftritt an vielen Standorten im Bundesgebiet Dienstleistungen wie zum Beispiel fachärztliche Gutachten, Drogenscreenings und MPUs anbietet. Das Land Hessen ist nach eigenen Angaben mit 45 Prozent (6,93 Millionen Euro) an dem privatrechtlichen Unternehmen TÜV Hessen beteiligt. Somit verdient das Land Hessen auch an den Fahreignungsbegutachtungen mit, da der TÜV Hessen an 21 Standorten mit einer Begutachtungsstelle vertreten ist.

In Nordrhein-Westfalen wurden die Verdachtsindikatoren hinsichtlich eines Verdachtes auf einen erheblichen Haschischmissbrauch durch das Verkehrsministerium wie folgt gefasst:

- Strafrechtliche Auffälligkeiten (Beschaffungskriminalität/Zuwiderhandlung im Straßenverkehr)
- Vernachlässigung sozialer Pflichten
- regelmäßiger Kontakt zur Szene

- fortgesetzter Konsum trotz körperlicher und psychischer Folgeschäden
- Besitz einer großen Menge Cannabis (ab 10 Gramm)

2004

Der Bayrische Verwaltungsgerichtshof (VGH) entscheidet 2004, dass die beim Führer eines Kraftfahrzeuges festgestellte THC-Konzentration im Blut zwischen 1,0 und 2,0 ng/ml für sich allein nicht beweist, dass dieser den Cannabiskonsum und das Fahren nicht trennen kann. Zitat: «Allein aufgrund eines solchen Befundes kann ein gelegentlicher Cannabiskonsument deshalb nicht gemäß Nr. 9.2.2 der Anlage 4 zur FeV als fahrungeeignet angesehen werden.» (11.11.2004 – 11 CS 04.2348)

Im Dezember 2004 muss sich das Bundesverfassungsgericht mit der Frage beschäftigen, ob die vom Gesetzgeber vorgegebene 0,0-Promillegrenze für Cannabis **verfassungskonform** ist. Ausgangspunkt ist ein Fall, bei dem bei einem Fahrzeugführer ein THC-Wert von 0,5 ng/ml im Blutserum festgestellt wurde. Die Verfassungsrichter stellen fest, dass der Nullwert verfassungswidrig erscheint, da der Normtext des § 24a StVG eine Fahrt unter der Wirkung verbietet, aber nicht jeder Nachweis auch mit einer Wirkung gleichzusetzen ist. Im weiteren verweisen die Richter zwar auch auf den von der Grenzwertkommission vorgeschlagenen Grenzwert von 1ng/ml, stellen aber vielmehr darauf ab, dass ein zeitlicher Kontext zwischen Konsum und Verkehrsteilnahme vorgelegen haben muss, um auch von einer Wirkung ausgehen zu können.

i Zwar treffe es zu, dass das in § 24 a Abs. 2 StVG genannte Verbot, am Straßenverkehr teilzunehmen, sich auf den Zeitpunkt der tatsächlichen Beeinträchtigung der Leistungsfähigkeit beziehen solle und Fälle denkbar seien, in denen die Wirkstoffmenge nur (noch) so gering sei, dass eine Auswirkung auf die Leistungsfähigkeit nicht (mehr) messbar sei oder jedenfalls nicht über das hinausgehe, was das Straßenverkehrsrecht als Folgen von Unpässlichkeiten und Irritationen verschiedenster Art in Kauf nehme. Die Grenze, ab der ein Fahrzeugführer «unter der Wirkung» eines Rauschmittels stehe, sei aber erreicht, wenn die Wirkstoff-Konzentration im Blut so hoch sei, dass ein zuverlässiger blutanalytischer Nachweis möglich sei.

Hier wird deutlich, dass das Oberlandesgericht Nachweiszeit und Wirkungszeit gleichsetzt, obwohl von dieser Annahme nach den neuesten Erkenntnissen nicht mehr ausgegangen werden kann. Das wird den Anforderungen des Verhältnismäßigkeitsgrundsatzes nicht gerecht.

2008

Im Juli 2008 wird die 4. Verordnung zur Änderung der FeV im Bundesgesetzblatt veröffentlicht und tritt im Oktober 2008 in Kraft. Diese Änderungsverordnung ist insbesondere von Interesse, weil es die erste **Änderungsverordnung** seit Bestehen ist, die unter anderem auch eine Konkretisierung zu den Paragraphen zur Überprüfung der Fahreignung bei Alkohol (Paragraph 13) und Drogen (Paragraph 14) enthält. Diese Änderungen waren erforderlich, da bisher nach einer Alkoholabhängigkeit lediglich die Vorlage eines fachärztlichen Gutachtens gefordert wurde, ohne dass eine psychologische Begutachtung hinsichtlich der Stabilität der Abstinenz (MPU) vorgeschrieben war. Hierzu wird in der Begründung zum Änderungsantrag ausgeführt:

> *Bei früherer Alkoholabhängigkeit wird im Rahmen der fachärztlichen Untersuchung alleine aufgrund des einjährigen Abstinenznachweises die Eignung als gegeben angesehen. Dies wird damit begründet, dass die Tatsache, dass der oder die Betroffene in der Lage war, ein Jahr Abstinenz einzuhalten, die notwendige Stabilität gewährleistet. Bei früherer Drogenabhängigkeit wird im Rahmen einer medizinisch-psychologischen Begutachtung demgegenüber in der Eignungsüberprüfung – auch flächendeckend in der Rechtsprechung – immer wieder differenziert auf die Prognose und die Stabilität der Verhaltensänderung abgehoben. Der Abstinenznachweis entsprechend den Begutachtungskriterien wird dabei lediglich als eine von mehreren Voraussetzungen für eine positive Begutachtung gewertet.* ***Es ist im Hinblick auf die Verkehrssicherheit nicht ersichtlich, aus welchem Grund diese unterschiedliche Beurteilung gerechtfertigt sein sollte.*** *Deshalb ist eine MPU als Eignungsuntersuchung in beiden Fällen angezeigt […]*

Hiermit stellte der Verordnungsgeber also klar, dass in Fällen von Abhängigkeit, völlig unabhängig davon, durch welche Substanz diese verursacht wurde, dieselben Maßgaben gesetzt werden müssen, um von der stabilen Überwindung einer Abhängigkeitserkrankung ausgehen zu können.

Im weiteren stellt der Verordnungsgeber auch fest, dass bisher nur für den Bereich Alkohol die verwaltungsrechtliche Vorgehensweise bei einer wiederholten Zuwiderhandlung unter Alkoholeinfluss im Straßenverkehr genau geregelt war. Daher sahen die Verordnungsgeber auch hier Änderungsbedarf und begründeten diesen wie folgt:

Die wiederholte Zuwiderhandlung im Straßenverkehr unter Alkoholeinfluss ist in § 13 Nr. 2 Buchstabe b eindeutig geregelt. Die vorliegende Änderung ist erforderlich, um auch die Fälle einer wiederholten Verkehrszuwiderhandlung unter Einfluss berauschender Mittel zu regeln. Auch der Fallkonstellation, dass neben einer Ordnungswidrigkeit nach § 24 a Abs. 1 StVG (Alkohol) eine weitere Verkehrszuwiderhandlung unter Einfluss berauschender Mittel (§ 24 a Abs. 2 StVG) begangen wurde, wird hier Rechnung getragen. Eine gebundene Entscheidung ist deshalb gerechtfertigt, da in allen Fällen zwischen Konsum von Drogen und/oder Alkohol nicht getrennt werden konnte.

Mit dieser nunmehr geltenden Änderungsverordnung hat der Verordnungsgeber, das Bundesverkehrsministerium mit Zustimmung des Bundesrates, klargestellt, was durch die Verwaltungsrechtsprechung bisher fast unbeachtet geblieben ist, nämlich dass für alle Substanzgruppen, sowohl für Alkohol als auch für Drogen, gleichermaßen die Einhaltung des **Nüchternheitsgebotes** gefordert wird und bei wiederholter Missachtung dieser Regel Zweifel an der Trennungsbereitschaft begründbar sind, die eine MPU-Anordnung vorschreiben.

2009

Das Bundesverwaltungsgericht entscheidet 2009, dass der Entzug der Fahrerlaubnis rechtmäßig ist, wenn der **gewohnheitsmäßige Cannabiskonsum** festgestellt oder auch eingeräumt wurde. Hierbei verweisen die Richter auf die Anlage 4, Punkt 9.2.1 der FeV, in der es heißt, dass der regel- und gewohnheitsmäßige Konsum von Cannabis die Fahreignung per se ausschließt.

2013

Das Bundesverwaltungsgericht bestätigt in einer Entscheidung vom 14.11.2013 (BVerwG 3 C 32.12), dass ein auch nur eingeräumter Mischkonsum von Cannabis und Alkohol zum sofortigen Entzug der Fahrerlaubnis führt. In dem Fall musste sich der Betroffene aufgrund eines Missbrauchsverdachtes einem ärztlichen Gutachten stellen und räumte dabei den gleichzeitigen Konsum von Cannabis und Alkohol (Bier) ein, was zur Folge hatte, dass die Führerscheinstelle den Führerschein wegen fehlender Fahreignung entzog.

4. Drogenfahrt und Fahreignung

Grenzwerte

Im Zuge der Erneuerung des § 24a StVG wurde ein 0,0-Promille-Wert für illegale Substanzen eingeführt, in der Annahme, dass der Wirkstoff THC im Blut nur sehr zeitnah zum Konsum nachweisbar sei. Zudem ging der Gesetzgeber auch davon aus, dass dieser Nullwert dazu führen würde, dass sich die Betroffenen besser daran halten können, da keine Möglichkeit besteht, dass sich die Konsumenten wie beim Alkohol an den Grenzwert sozusagen herankiffen können. Dass grundsätzlich eine Wirkung im Sinne des § 24a StVG vorliegt, wenn der Nullwert überschritten ist, wurde durch das Bundesverfassungsgericht als verfassungswidrig verworfen, da gemäß dem aktuellem Wissensstand über Cannabis der Wirkstoff bedeutend länger nachweisbar ist, als die Wirkung anhält. Diese **lange Nachweisbarkeit** ist nicht zuletzt auf die Entwicklung in der forensischen Toxikologie zurückzuführen.

i In den neunziger Jahren wurden mit der Entwicklung neuer Analyseverfahren die Nachweisgrenzen für illegale Substanzen immer kleiner. Die gebräuchlichsten Messmethoden sind Gaschromatographie / Massenspektrometrie (GC / MS), Gaschromatographie-Tandem-Massenspektrometrie (GC / MS / MS) und Flüssigkeitschromatographie-Tandem-Massenspektrometrie (LC / MS / MS).

Heute ist man in der Lage, selbst in fließenden Gewässern und sogar draußen in der Atemluft Drogenspuren zu messen. So gelang es beispielsweise, in der Außenluft von Barcelona und Madrid Kokainspuren nachzuweisen. Laut Pressebericht der BZ vom 14.05.2009 haben Wissenschaftler in Barcelona und Madrid mit einem speziellem Filtersystem Kokainkonzentrationen zwischen 29 und 850 Picogramm pro Kubikmeter Atemluft nachweisen können (1 Picogramm = 1 Billionstel Gramm). Je kleiner die Bestimmungsgröße allerdings wird, umso größer werden auch die Messunsicherheiten und damit die Messfehler.

Die zuständigen Strafgerichte, die über die Fälle zu entscheiden haben, orientieren sich seit der Entscheidung des Bundesverfassungsgerichts an dem von der Grenzwertkommission vorgeschlagenem Grenzwert von 1 ng/ml. Trotz der

Erkenntnis, dass es sich hierbei lediglich um den analytischen Grenzwert handelt, der keine Wirkschwelle beschreibt und THC-Werte über 1 ng/ml unter Umständen selbst Tage nach dem letzten Konsum nachweisbar sind, halten die Gerichte an diesem Wert fest.

Neuerdings geht der Trend bei den Oberlandesgerichten offenbar dahin, auf eine **«Zeitnähe» zur Verkehrsteilnahme** abzustellen anstatt auf eine mögliche Wirkung. So vertreten die Oberlandesgerichte zunehmend folgende Auffassung: THC über 1 ng/ml ist in der Regel bis zu 24 Stunden im Blutserum nachweisbar. So lange müssen die Konsumenten mit einer «Wirkung» rechnen und dürfen demnach während dieser Zeit auch kein Fahrzeug steuern. Tun sie es doch, liegt zumindest eine Fahrlässigkeit vor, die auch eine Verurteilung gemäß § 24a StVG zu Folge hat.

Liegt der Konsum in Tat und Wahrheit mehr als 24 Stunden zurück, haben die Betroffenen halt Pech gehabt – Hauptsache, es liegt eine einheitliche Rechtsprechung vor. Der Anspruch auf Einheitlichkeit ist grundsätzlich berechtigt und sinnvoll, scheitert aber eben am **fehlenden normierten Grenzwert**. Hat man einen normierten Grenzwert, wie z. B. bei Alkohol, wird die Rechtsprechung dazu natürlich einheitlich ausfallen, da die Werte vorgegeben sind.

Das Hauptproblem beim THC-Grenzwert besteht zum einen darin, dass der Gesetzgeber einen «Grenzwert» vorgegeben hat, der es den Konsumenten unmöglich macht, das Nüchternheitsgebot einzuhalten, da zu einer Sanktionierung schon der reine Konsumnachweis herangezogen wird.

Andererseits gibt es grundsätzliche Schwierigkeiten, einen **Wirkgrenzwert** vergleichbar mit dem von Alkohol zu ermitteln, da sich der Wirkstoff THC nicht linear zur Rauschwirkung abbaut. Daher kann für THC kein genauer Wert ermittelt werden, der analog wie bei Alkohol eine für die Verkehrssicherheit relevante leistungsmindernde Wirkung beschreibt.

Experimentelle Studien, die sich mit der Cannabiswirkung und deren Auswirkung auf die Leistungsfähigkeit beschäftigt haben, kommen zu dem Ergebnis, dass bei THC- Werten von 20–30 ng/ml für die Verkehrssicherheit wesentliche Leistungseinschränkungen zu erwarten sind. Im niedrigen Konzentrationsbereich (2–5 ng/ml) konnte der Toxikologe Manfred Möller nur noch «Leistungseinbußen im feinmotorischen Bereich» bei seinen Probanden feststellen (vgl. Tabelle auf Seite 36). Diese moderaten Leistungsunterschiede sind von den Betroffenen allerdings kaum wahrnehmbar und nur in sehr komplexen Leistungstests messbar.

Da ein Wirkgrenzwert für THC nur schwer bestimmbar ist, ging man dazu über, die Nachweisbarkeit von THC im Blutserum als maßgeblich heranzuziehen. Möller führte 2005 eine experimentelle Studie zum **Abbauverhalten von THC im Blutserum** durch. Für diese Studie wurden 20 Probanden angeworben, die angaben, gelegentlich Cannabis zu konsumieren.

i Bei keinem Probanden durfte bei Testbeginn noch THC-Carbonsäure im Urin feststellbar sein, so dass ein Konsum in den zurückliegenden Tagen ausgeschlossen werden konnte. Bei insgesamt 3 Untersuchungen wurden von den Probanden jeweils ein Joint mit einer Wirkstoffkonzentration von 250 Mikrogramm/kg Körpergewicht, bzw. von 500 Mikrogramm/kg Körpergewicht geraucht. Zwischen den einzelnen Testreihen lag mindestens eine Woche, in denen die Probanden kein weiteres THC zu sich nehmen durften.

Möller kam dabei zu folgenden Ergebnissen:

THC-Abbauverhalten im Blutserum		
THC-Dosis Joint	**Mittelwert im Serum nach Konsum**	**nach 6 Stunden**
250 Mikrogramm/kg Körpergewicht	70ng/ml	19 von 20 Probanden: unter 1 ng/ml 1 Proband (5%): 1,4 ng/ml
500 Mikrogramm/kg Körpergewicht	110ng/ml	15 von 20 Probanden: im Mittel unter 1ng/ml 5 von 20 Probanden (25%): zwischen 1 und 2 ng/ml

Diese Ergebnisse bzw. diese Interpretation finden wir dann auch in fast allen Blutgutachten, die durch die gerichtsmedizinischen Institute und Labore erstellt werden. Zitat aus einem Blutgutachten des LKA Berlin:

> *THC-Plasmakonzentrationen bei Gelegenheitskonsumenten von 2–3 ng/ml oder mehr sprechen für einen aktuellen Cannabiskonsum und somit für eine mögliche Cannabisbeeinflussung. Innerhalb eines Zeitintervalls von 2–4 Stunden (teilweise bis zu 7 Stunden) nach dem Konsum muss mit einer Beeinflussung gerechnet werden.*

Neben der Tatsache, dass Möllers Fallstudie nur auf der Basis einer sehr kleinen Gruppe erfolgte, liegt das grundsätzliche Problem bei den klinischen Studien darin, dass die Konsumform (genau berechnete THC-Dosis pro kg/Körpergewicht) nichts mit der Konsumrealität zu tun hat.

Eine in Baltimore 2013 durchgeführte Studie zeigte anhand von 30 Probanden, die angaben, täglich zu konsumieren, dass ein THC-Nachweis im Vollblut von über 1 ng/ml auch nach zwölf Tagen noch möglich ist. Die Probanden hatten zum Studienbeginn fast alle einen positiven THC-Befund im Vollblut. Bei 27 von 30 Teilnehmern lag die THC-Konzentration zwischen 0,3 und 6,3 ng/ml im Vollblut. Bei 5 Prozent konnte selbst nach 12 Tagen noch ein THC-Wert von über 1ng/ml festgestellt werden.

Auch der Rechtsmediziner Herbert Käferstein kommt bei der Auswertung von Blutergebnissen, die im Zuge der Überprüfungsverfahren in NRW ermittelt wurden, zu dem Schluss, dass der Nachweis von THC über 1 ng/ml keinen Beleg für einen zeitnahen Konsum darstellt. So führt Käferstein im Kongressbericht der deutschen Gesellschaft für Verkehrsmedizin 2003 aus:

> *Interessanterweise finden sich viele Fälle – 25 Prozent – mit THC-Konzentrationen zwischen 1–2 ng/ml. Dies ist insofern von Bedeutung, da die Grenzwertkommission kürzlich vorgeschlagen hat, bereits ab 1 ng/ml Serum einen zeitnahen Konsum mit Wirkung im Sinne des § 24a StVG anzunehmen. Dies würde bedeuten, dass bei Untersuchungen auf Drogenfreiheit mehr als 50 Prozent der überführten Cannabiskonsumenten eine Ordnungswidrigkeit im Sinne des § 24a StVG begehen würden, wenn sie zur Blutentnahme mit dem Auto fahren. Ebenfalls müsste man für das gesamte Kollektiv einen Kontrollverlust mit einem zeitnahen Konsum zur Blutentnahme annehmen.*
>
> Dies erscheint nur wenig realistisch. Selbst bei dem 1997 vorgeschlagenem Grenzwert von 2 ng THC pro ml Serum würde immer noch mehr als ein Viertel der Cannabiskonsumenten zeitnah zur Blutentnahme Cannabis konsumiert haben. Es müsste diskutiert werden, ob dies so aufrecht erhalten werden und man allein aus der THC-Konzentration auf einen zeitnahen Konsum sicher schließen kann. Mit Sicherheit keinen Zweifel an einem zeitnahen Konsum kann man bei THC-Konzentrationen über 10 ng/ml haben, regelhaft wird dann zusätzlich OH-THC nachgewiesen.

Im Unterschied zu den klinischen Studien spiegeln diese Forschungsergebnisse die Konsumrealität wider. Anhand der Studien kann man feststellen, dass THC je nach Konsumform sehr unterschiedlich lange nachweisbar ist. Es ist aber nicht nur die generelle Konsumform (gelegentlich/regelmäßig) maßgeblich, sondern auch der individuelle Stoffwechsel, der Wirkstoffgehalt des konsumierten Cannabis und letzlich auch die Konsumdichte bei einer bestimmten Gelegenheit.

Somit ist der Grenzwertvorschlag der Grenzwertkommission bezogen auf den reinen Wirkstoff weder geeignet, eine Wirkung im Sinne des § 24a StVG zu umschreiben noch eine entsprechende Zeitnähe zwischen Konsum und Verkehrsteilnahme zu belegen, da dabei die Konsumfrequenz eine wesentliche Rolle spielt. Insofern ist es nachvollziehbar, dass es schwierig bis unmöglich erscheint, den Wirkgrenzwert für THC genau zu bestimmen. Deshalb wäre es erforderlich, einen **Gefahrengrenzwert** zu bestimmen, der zwar nicht zwangsläufig mit einer durch den Betroffenen spürbaren Wirkung verbunden sein muss, ab welchem jedoch die Unfallwahrscheinlichkeit bzw. das Unfallrisiko ansteigt. Ein solcher Gefahrengrenzwert, abgeleitet aus dem konkreten **Unfallrisiko**, müsste bei 5–10 ng/ml im Blutserum angesiedelt werden (siehe dazu S. 36, Unfallrisiko). Damit könnte ein zeitnaher Konsum, der sich ohne Zweifel negativ auf die Verkehrssicherheit auswirken kann, tatsächlich aufgedeckt werden.

Auch bei einer solchen Anhebung des Grenzwertes gilt für Cannabiskonsumenten, dass die Schwelle zu einer verkehrsgefährdenden Dosis nicht sicher steuerbar ist, da dem Konsumierenden in der Regel der Wirkstoffgehalt des gerauchten Materials unbekannt ist und die Werte außerdem vom individuellen Stoffwechsel der konsumierenden Person abhängig sind. Ebenso wichtig ist die generelle **Konsumfrequenz** (einmalig/gelegentlich/regelmäßig). Zudem kann sich die Wahrnehmung der Rauschwirkung durch einen dauerhaft über Tage hinweg praktizierten Cannabiskonsum verschieben.

i Die Wirkung des ersten Joints auf einem Festival wird erheblich intensiver wahrgenommen als die des zwanzigsten Joints am Ende des Festivals. So ist es auch nicht verwunderlich, dass die THC-Werte, die bei Festivalbesuchern festgestellt werden können, deutlich über denen bei allgemeinen Verkehrskontrollen liegen, ohne dass sich die Betroffenen subjektiv berauscht fühlen. Ein kurzzeitiger Intensivkonsum dieser Art kann darüber hinaus einen enormen Anstieg der THC-Carbonsäure bewirken, so dass unter Umständen COOH-Werte entstehen können, die auf einen regel- und gewohnheitsmäßigen Konsum schließen lassen.

Ein weiterer in der Öffentlichkeit kaum bekannter Faktor bei der Bewertung von THC-Fahrten ist, dass die Drogengrenzwerte bei allen internationalen Studien (Unfallforschung) im **Gesamt- bzw. Vollblut** gemessen und ausgewiesen werden. In Deutschland dagegen wird der Grenzwert im Blutserum gemessen und bestimmt. Dies führt dazu, dass die in der BRD festgestellten THC-Werte in der Regel **doppelt so hoch** sind wie die bei internationalen Studien im Gesamtblut festgestellten Werte, da der Anteil des gesuchten Wirkstoffs in dem um Blutkörperchen und andere Bestandteile bereinigten Serum naturgemäß höher liegt.

So wurden bei der europäischen DRUID-Studie nur solche Fälle als Drogenfahrten gewertet, bei denen der THC-Wert über 1 ng/ml im Vollblut lag – Fälle, bei denen z.B. nur ein THC-Nachweis von 0,5 ng/ml im Gesamtblut ermittelt wurde, wurden also nicht als Drogenfahrt erfasst. In Deutschland, wo im Blutserum gemessen wird, entsprechen 0,5 ng/ml aber einem Wert von 1 ng/ml und führen zu einer Verurteilung wegen einer vermeintlichen Drogenfahrt.

In der Schweiz wurde vor einigen Jahren ein **THC-Grenzwert für das Fahrpersonal** (Bus/Bahn) eingeführt. Dieser Grenzwert, der im übrigen mit der 0,0-Promille-Grenze für Taxifahrer vergleichbar ist, liegt in der Schweiz bei 1,5 ng/ml THC; der in Deutschland geltende Grenzwert von 1 ng/ml scheint auf den ersten Blick nur unwesentlich tiefer zu sein. Berücksichtigt man nun allerdings den Umstand, dass der Schweizer Grenzwert im Gesamtblut und nicht im Serum bestimmt wird, ergibt sich rechnerisch ein Grenzwert von 3 ng/ml Serum bzw. der Grenzwert für das Fahrpersonal in der Schweiz liegt nach deutscher Lesart bei 3 ng/ml Serum. In Deutschland wird aber schon bei einem THC-Nachweis von 1 ng/ml Serum von einer «Rauschfahrt» ausgegangen.

Wenn man nun bedenkt, dass der deutsche Gesetz- bzw. Verordnungsgeber allem Anschein nach davon überzeugt ist, dass ab einem THC-Wert von über 1 ng/ml von einer Drogenbeeinflussung ausgegangen werden muss, stellt sich die Frage, wieso die Bundesregierung nicht davor warnt, in der Schweiz öffentliche Verkehrsmittel zu benutzen, wenn die Fahrer von Bussen und Bahnen dort sogar unter der Wirkung von THC (bis zu 3 ng/ml) ihren verantwortungsvollen Beruf ausüben dürfen.

Im US-Bundesstaat Colorado wurde im Mai 2013 der Umgang mit Cannabis legalisiert. Gleichzeitig hat Colorado auch einen Grenzwert für die Verkehrsteilnahme eingeführt. Dieser Grenzwert liegt bei 5 ng/ml, gemessen im Vollblut.

Würde man hier ebenfalls den Umrechnungsfaktor (Vollblut/Serum) berücksichtigen, käme man auf einen analogen Grenzwert von 10 ng/ml Serum.

Verhält sich die für ihren soliden Bahn- und Busverkehr berühmte Schweiz verantwortungslos? Sind die Behörden in den USA, dem führenden Staat im internationalen «Krieg gegen Drogen», dazu übergegangen, auch völlig bekiffte, unzurechnungsfähige Fahrer auf den Straßenverkehr loszulassen? Natürlich nicht. Sie haben nur einen der aktuellen wissenschaftlichen Forschung angemessenen **realistischen Grenzwert** für THC bestimmt, ab dem mit tatsächlichen Gefahren für den Straßenverkehr zu rechnen ist. Der in Deutschland geltende Grenzwert hingegen bestraft Verkehrsteilnehmer schon für eine «Drogenfahrt», wenn ihnen nachgewiesen wird, dass sie irgendwann in den letzten Tagen Cannabis konsumiert haben, eine spürbare und messbare Beeinträchtigung der Fahreignung aber in keiner Weise vorliegt.

Grenzwerte / Abstinenznachweise			
Feststellung einer «Drogenfahrt»		**Abstinenznachweise gemäß DIN 17025 in Verbindung mit CTU-3-Kriterien**	
Stoff	**Blut (Serum)**	**Urin**	**Haar**
THC 1997	2ng/ml		Bis 2011 0,1 ng/mg
THC 2004	1ng/ml		Seit 2011 0,02 ng/ml
Feststellung der Konsumfrequenz anhand von Abbauprodukten im Blut			
THC-COOH*	35 und größer 100ng/ml* gelegentlicher Konsum	20ng/ml vor 2011	
THC-COOH	150 ng/ml** regelmäßiger Konsum	10ng/ml ab 2011	
11 Hydroxy THC	0,5 ng/ml		

* verwaltungsrechtliche Entscheidungen ** abgeleitet Dahldrup

DIN 17025: Allgemeine Anforderungen an die Kompetenz von Prüf- und Kalibrierlaboratorien
THC = Wirkstoff; 11-Hydroxy-THC = Stoffwechselprodukt (wirksam) kurze Halbwertzeit im Blut;
COOH-THC = Stoffwechselprodukt (unwirksam) lange Halbwertzeit im Blut/Urin

Außer zur Feststellung einer «Drogenfahrt» ist die Entwicklung in der forensischen Toxikologie auch für den Bereich der Fahreignungsbegutachtung von zentraler Bedeutung, da nach einem erfolgten Führerscheinentzug aufgrund eines Cannabiskonsums die geforderte Abstinenz mittels forensisch gesicherter Abstinenznachweise zu belegen ist. Anders als zur Feststellung eines akuten/aktuellen Drogengebrauchs kann eine längerfristige Abstinenz nur mittels Urin- bzw. Haaranalyse nachgewiesen werden.

Im Urin wird ausschließlich das langlebige Abbauprodukt von THC **(COOH-THC, Carbonsäure)** gemessen, da dies je nach zurückliegender Konsumform von einigen Tagen bis zu mehreren Wochen nachweisbar ist. Durch die Aufnahme und Einlagerung von THC in den Körper wird der Wirkstoff, je nachdem wie gut der eigene Stoffwechsel funktioniert, über Tage und Wochen hinweg über die Niere und Blase ausgeschieden. Dieser Vorgang erfolgt aber nicht linear. Das heißt, es kann passieren, dass ein Urinschnelltester noch einen positiven Befund liefert, obwohl bei einem vorherigen Test keine Carbonsäure mehr nachweisbar war.

Im Kopfhaar wird anders als im Urin nicht das langlebige Abbauprodukt Carbonsäure bestimmt, sondern der **Hauptwirkstoff THC**. Wird dieser oberhalb des Cut-Off-Wertes (vgl. Tabelle auf Seite 67) festgestellt, gilt der Kontakt und damit auch der Konsum mit der Substanz als erwiesen.

5. Ermittlungspraxis im Straßenverkehr

Seit 1997 wird die Polizei explizit daraufhin geschult, mögliche Drogenkonsumenten im Straßenverkehr zu erkennen. Weil Konsumenten von illegalen Drogen im Straßenverkehr nur selten durch Fahrfehler auffallen, konzentriert sich die Polizei auf andere Anhaltspunkte, die geeignet erscheinen, einen Drogenkonsumenten zu erkennen. Zum Thema «verdächtige Fahrzeuge» führt das Schulungsprogramm aus:

> *Häufig befinden sich die Fahrzeuge von Drogenabhängigen in sehr schlechtem Pflegezustand. Insbesondere relativ leicht zu behebende Mängel werden ignoriert. Beispiele: Fehlerhafte Beleuchtung, lautes Auspuffgeräusch, sehr ungepflegter Allgemeinzustand, Beulen an Kotflügel, Front- und Heckstoßfänger, alte, unreparierte Unfallschäden etc. Allgemein kann festgestellt werden, daß sich aus dem Fahrzeugzustand eine Analogie zur Lebensphilosophie des Fahrers herleiten läßt. Zweideutige, oder auch eindeutige Bemalung, Beschriftung oder Aufkleber («Keine Nacht ohne Drogen») etc. lassen unter Umständen bereits auf Lebenswandel und -einstellung schließen.*

Neben dem Fahrzeug selber geben auch die Insassen mögliche Anhaltspunkte für einen Drogenkonsum. Dazu führt das Schulungsprogramm u.a. aus:

> *Starrer Blick, krampfhaftes Umklammern des Lenkrads, betont lässige Sitzposition, lebhafte, bewegungsvolle Kommunikation mit anderen Fahrzeuginsassen, auffällige Stimmung (Ausgelassenheit, Überschwänglichkeit), Trinken im Fahrzeug, Handlungen, die auf die Vorbereitung eines BtM-Konsums schließen lassen, auffälliges Hantieren unterhalb der Sichtlinie, Gegenstände werden aus dem Fenster geworfen.*

Wenn sich für die Polizei ein Anfangsverdacht ergibt – und dieser ist nicht nur auf Fahrzeug und Insassen beschränkt, da die Polizei auch gezielte Schwerpunktkontrollen (z.b. Festivals, Partys, etc.) durchführt –, wird das Fahrzeug aus dem Verkehr gezogen. Der **Anhaltevorgang** wird von den Beamten dabei genau beobachtet, da dies unter Umständen noch weitere Anhaltspunkte liefern kann, wenn zum Beispiel die Insassen versuchen zu fliehen, der Fahrer nicht oder nur verzögert reagiert, oder mit einer Vollbremsung oder an einer völlig ungeeigneten Stelle hält. Ebenso wird hektisches Verhalten, so als würde man etwas verstecken wollen, von der Polizei beobachtet und registriert.

Auch die **Reaktion der Insassen bei Kontaktaufnahme** wird von der Polizei genau beobachtet. Da eine anfängliche Nervosität bei jedem entstehen kann, achten die Beamten auch darauf ob sich diese Nervosität im Laufe der Kontrolle abnimmt oder gar noch zunimmt, was ebenfalls darauf schließen lässt, dass der Betroffene etwas zu verbergen hat. Bei der Fahrzeugkontrolle wird auch darauf geachtet, ob ein Insasse durch «breites Sitzen» oder Liegen auf der Rückbank etwas verdecken könnte. Ein weiteres Indiz könnte das hektische Schließen des Aschenbechers sein, um einen Joint oder die Reste davon zu verschwinden zu lassen. Auch das Anzünden einer Zigarette unmittelbar vor dem Eintreffen der Beamten am Fahrzeug könnte ein Hinweis darauf sein, dass der Geruch von Hasch überdeckt werden soll.

Dann wird der Fahrer genauer unter die Lupe genommen. Dabei achten die Beamten insbesondere auf mögliche **körperliche Anzeichen** für einen Cannabiskonsum. Anzeichen dafür können u.U. sein: gerötete Augenbindehäute, glasige, wässrige oder unruhige Augen, zitternde Hände, Schweißausbrüche, erweiterte Pupillen, verlangsamte Lichtreaktion.

Neben möglichen körperlichen Anzeichen wird auch das äußere **Erscheinungsbild** des Fahrers registriert. Daneben achten die Beamten auch auf die Aufnahmefähigkeit (geteilte Aufmerksamkeit) des Fahrers und testen diese. Dazu führt das Schulungsprogramm aus:

Fragetests

Durch die Art und den Inhalt einer Frage wird die Fähigkeit zur geteilten Aufmerksamkeit auf die Probe gestellt: Die verdächtige Person wird dazu gezwungen, sich auf mehrere Dinge gleichzeitig zu konzentrieren. Drei Techniken haben sich hierbei bewährt:

1. *Gleichzeitiges Fragen nach zwei Dingen: Beispiel: Der Fahrer wird um die Aushändigung von Führerschein und Fahrzeugschein (nicht der «Papiere»!) oder Fahrzeugschein und AU-Bescheinigung gebeten.*

Verdächtig wäre:

- *Er übergibt eines der geforderten Dokumente und vergisst, nach dem zweiten weiter zu suchen*
- *Er übergibt andere Dokumente anstatt der gewünschten*
- *Bei der Suche in der Brieftasche übersieht er beide oder eines der Dokumente (wenn das entsprechende Dokument nach wiederholter Suche dann endlich gefunden wird)*
- *Er hält die Brieftasche falsch herum, der Inhalt fällt heraus*
- *Er läßt Brieftasche oder Dokumente fallen*
- *Er ist nicht dazu in der Lage, die Papiere mit den Fingerspitzen aus der Brieftasche zu entnehmen und an den Beamten zu übergeben (starkes Zittern, plötzliche «Ausrutscher» der Finger)*

2. *Während der Suche: ablenkende oder unterbrechende Fragen stellen*

Beispiele:

- *Frage nach Uhrzeit, Wochentag, Monat, Jahreszeit oder dem Geburtsjahr des Fahrers: Diese Angaben sind leicht überprüfbar.*
- *Frage nach Fahrtziel oder Ausgangspunkt der Fahrt:*
  Kaum überprüfbar, sofern die Angaben des Verdächtigen nicht völlig absurd sind. So kann die Angabe eines Autofahrers, er wolle spätabends noch «etwas kaufen», durchaus zutreffend und realistisch sein (Tankstelle!).
- *Frage nach Sonderausstattungen oder der Zufriedenheit mit dem Fahrzeug*

Verdächtig wäre:

- *Die Frage wird völlig ignoriert, der Fahrer konzentriert sich weiterhin ausschließlich auf die Suche nach den Gegenständen*
- *Die Suche nach den Gegenständen wird zur Beantwortung der Frage unterbrochen und danach ohne weitere Aufforderung nicht wieder fortgesetzt.*
- *War der Fahrer dabei, zur Aushändigung von Warndreieck oder Verbandskasten den Kofferraum zu öffnen, vergisst er dies nach der Beantwortung der Frage.*
- *Offensichtliche Verwechslung der Angaben von Fahrtziel und Ausgangspunkt der Fahrt, indem er als Ausgangspunkt seiner Fahrt den Ort nennt, der in seiner Fahrtrichtung liegt und umgekehrt.*

3. *Einfache, aber ungewöhnliche Fragen stellen*
    - *Frage nach dem Geburtsort oder nach dem zweiten Vornamen*

    Verdächtig wäre:
    - *Der Wohnort oder der erste Vorname werden genannt*

4. *Einfache Aufgaben stellen*
    Die Fähigkeit des Verdächtigen, seine Aufmerksamkeit zwischen mehreren Vorgängen aufzuteilen, kann durch einfache Aufgabenstellungen überprüft werden, ohne dass die betreffende Person davon merkt. Beispiele: Während der Suche nach den geforderten Papieren wird der Fahrer gebeten, das Radio abzuschalten. Oder: Der verdächtige Fahrzeugführer wird von zwei Polizeibeamten kontrolliert. Während einer Fragen zur Person stellt, möchte der zweite gleichzeitig überprüfen, ob z. B. das Warndreieck oder der Verbandskasten ordnungsgemäß mitgeführt wird.

Häufig werden Betroffene durch die Polizei auch gebeten, weitere Tests zur Prüfung der Fahrtauglichkeit mitzumachen. Hierbei werden u.a. der Finger-Nase-Test, mit geschlossenen Augen 30 Sekunden abschätzen, Einbeinstand etc. durchgeführt. Solche Tests können die Betroffenen allerdings verweigern.

Selbst wenn sich durch die Beobachtungen und Tests der Verdacht auf eine Drogenfahrt nicht erhärten lässt, wird vielfach noch ein Schnelltest «angeboten», mit dem sich der Verdächtige selbst entlasten könne. Wird ein Schnelltest abgelehnt, wird dies in der Praxis meist als weiterer Verdachtsindikator gewertet. Selbst wenn sich keinerlei Anzeichen für eine akute Cannabiswirkung feststellen lassen, wird dann meist durch die Polizei eine **Blutentnahme** angeordnet.

Trotz massiver Kritik am Richtervorbehalt muss die Polizei für eine Blutentnahme grundsätzlich eine **richterliche Anordnung** einholen, sofern der Betroffene der Blutentnahme nicht aktiv zustimmt oder sie stillschweigend über sich ergehen lässt. Die Blutprobe wird nach der Entnahme dann an die zuständige Gerichtsmedizin oder an ein akkreditiertes Labor zur Analyse übermittelt. Da grundsätzlich fraglich bleibt, ob in den Fällen auch immer noch eine Drogensubstanz nachweisbar ist, weist das Schulungsprogramm insbesondere auf das Fahrerlaubnisrecht hin und führt dazu aus:

> *Schon jetzt sollte daran gedacht werden, daß u.U. die Beweise für eine Fahruntüchtigkeit nicht ausreichen, die Verwaltungsbehörden aber von einer generellen*

Fahruntauglichkeit ausgehen werden. Es sind deshalb, soweit rechtlich zulässig, Beweise zu sichern für die regelmäßige Aufnahme von Drogen oder zentralwirksamen Medikamenten oder eine Drogen- oder Medikamentenabhängigkeit.

Das heißt, dass die Polizei auch die möglichen Konsumgewohnheiten ermittelt, die in keinem direkten Zusammenhang mit der vermeintlichen «Drogenfahrt» stehen. Es fängt meist harmlos an:

Guten Tag, wir führen eine Alkohol- und Drogenkontrolle durch. Haben Sie in der letzten Zeit Alkohol oder Drogen konsumiert? Nein? Haben Sie denn schon einmal Drogen konsumiert? Wenn ja, wann das letzte Mal? Kiffen Sie auch unter der Woche?

Solche oder ähnliche Fragen werden dabei häufig beiläufig gestellt. Hier spricht man dann von Inhalten aus rein informatorischen Gesprächen. Das heißt, diese Fragen werden nicht in Form einer protokollierten Vernehmung gestellt und unterliegen somit auch nicht der **Aufklärungspflicht** («Sie haben das Recht, die Aussage zu verweigern. Alles was Sie jetzt sagen, kann und wird gegen Sie verwendet werden»).

Ollis Fall. Olli gerät mitten in der Woche in einer Verkehrskontrolle. Die ermittelnden Beamten stellen Anzeichen für einen Cannabiskonsum fest. Olli räumt ein, hin und wieder zu kiffen, sagt aber auch, dass der letzte Konsum drei Tage her wäre. Auf dem Weg zur Blutentnahme fragt ein Beamter: «Sag mal, ist ja grundsätzlich nicht so schlimm. Aber kiffst du auch während der Woche?» Olli entgegnet: «Nein, nur am Wochenende.» Eine Woche später entzieht ihm die Führerscheinstelle die Fahrerlaubnis mit sofortiger Wirkung. Begründung: Laut Polizeibericht hat Olli angegeben, jedes Wochenende zu kiffen. Dies stellt nach Auffassung der Verwaltungsbehörde den fahreignungsausschließenden regelmäßigen Cannabiskonsum dar.

Nachdem ein Verdächtiger dem Amtsarzt, der in der Regel auch eine kurze Untersuchung bzw. Beurteilung des Gesamtzustandes des Betroffenen vornimmt, zur Blutentnahme vorgeführt wurde, schreiben die Beamten ihren Einsatzbericht und schreiben **eine Anzeige wegen Verdacht auf eine Drogenfahrt.** Ergeben sich schon aus den bis dahin gewonnenen Erkenntnissen

Hinweise auf einen fahreignungsausschließenden Cannabiskonsum oder zumindest Hinweise, die Zweifel an der Fahreignung begründen können, werden diese wie im oben ausgeführten Beispiel unmittelbar an die Verwaltungsbehörde übermittelt.

- Zweifel an der Fahreignung können in der Praxis im Zweifelsfall schon alleine mit einer zu positiven oder vermeintlich bagatellisierenden Haltung gegenüber Cannabis begründet werden.

Gibt es vorerst keine solchen Erkenntnisse, weil der Betroffene keinerlei Angaben gemacht hat, muss die Polizei das **Ergebnis der Blutanalyse** abwarten. Da in den Laboren in der Regel ein Vortest durchgeführt wird, kann dies unter Umständen sehr schnell erfolgen. War die Blutprobe im Vortest auf THC oder andere Substanzen positiv, wird dies vom Labor nicht selten schon an die Polizei gemeldet. In der Regel warten die Beamten dann aber das endgültige Ergebnis der Blutprobe ab, da sich erst aus diesem der genaue THC-Wert ergibt. Dies kann dann einige Wochen dauern.

- Wenn der **THC-Wert im Blutserum über 1 ng/ml** liegt, leitet die Polizei diese Erkenntnis an die zuständige Ordnungsbehörde weiter, die für die Bearbeitung der Bußgeldbescheide zuständig sind. Gleichzeitig übermittelt die Polizei alle gewonnenen Erkenntnisse an die zuständige Fahrerlaubnisbehörde. Darunter fallen: Tätigkeitsbericht der Polizei vom Tattag, Ärztlicher Bericht «Torkelbogen», Blutgutachten. Diese Datenflut landet somit bei der Verwaltungsbehörde und in der Führerscheinakte des Betroffenen.
- Liegt der Wert **unterhalb des Grenzwerts** oder kann ein «zeitnaher» Konsum nicht mehr nachgewiesen werden, der Konsum an sich hingegen schon, wird der Vorgang ebenfalls komplett an die Fahrerlaubnisbehörde zur weiteren Bearbeitung weitergeleitet. Dass diese auch dann Zweifel an einem ausreichenden Trennungsvermögen äußern kann, zeigt der Fall Volker (siehe Seite 84).

Schnelltestverfahren

Die von der Polizei zur Verkehrsüberwachung eingesetzten Drogenschnelltests werden ausschließlich zur Verdachtsgewinnung bzw. Verdachtsbestätigung eingesetzt. Eine Drogenfahrt als solche kann damit nicht belegt werden. Somit handelt es sich bei den Schnelltestern ausschließlich um ein Instrument der polizeilichen Verdachtsgewinnung.

Die **Drogenschnelltests** sind Verfahren, mit denen es möglich ist, in Körperflüssigkeiten (Schweiß, Speichel, Urin) und auf Oberflächen (Lenkrad, Schaltknauf, Verpackungen) das Vorhandensein von illegalen Substanzen nachzuweisen Substanzen. Hierbei wird getestet, ob die Substanz (bzw. bei wasserlöslichen Substanzen deren Umwandlungsprodukt) im oder am Körper einer Person oder an einem Gegenstand vorhanden ist. Diese Testverfahren werden auch Schweißtest, Schnelltest, Wischtest oder Pinkeltest genannt. Sie werden oft von der Polizei bei der Verkehrsraumüberwachung eingesetzt. Urinschnelltester sind in Apotheken oder Headshops und im Internet erhältlich. Mit verschiedenen Versionen des Tests lassen sich Stoffgruppen bzw. einzelne Stoffe (THC) nachweisen. Die Tests sind ohne Vorbereitung überall einsetzbar und für die Polizei daher sehr einfach zu verwenden. Das Ergebnis kann nach wenigen Minuten abgelesen werden. Je nachdem, wie viele Substanzen ein Drogenschnelltest nachweisen kann, kostet dieser 10 bis 50 Euro und wird dem Betroffenen, sofern ein Nachweis erfolgt, dann über einen möglichen Bußgeldbescheid in Rechnung gestellt. Die Polizei verwendet hierbei zwei unterschiedliche Testverfahren, die gerade für Cannabiskonsumenten von Bedeutung sein können:

› **Schnelltestverfahren mittels Urinanalyse:** Meist handelt es sich dabei um Teststreifen, die in den noch warmen Urin eingetaucht werden müssen. Nach einigen Minuten zeigen sie eine Verfärbung an einer oder mehreren Stellen. Es gibt sowohl Tests, die nur nach einer Substanz suchen, als auch Tests, die gleich auf mehrere Substanzen testen. Üblicherweise werden Teststreifen für Opiate/Opioide, Methamphetamin, Kokain, Cannabinoide, Barbiturate und Benzodiazepine angeboten.

  Diese Teststreifen reagieren ähnlich wie ein Schwangerschaftstest auf die auf dem Teststreifen aufgebrachten Antikörper. Je nachdem, auf welche Substanz getestet wird, reagieren die Streifen erst ab einem gewissen Schwellenwert **(Cut-Off-Wert)**. Aufgrund der Tatsache, dass die eingesetzten Urinschnelltests für Cannabis primär auf das langlebige Stoffwechselprodukt THC-Carbonsäure reagieren und damit selbst einen Konsum, der Tage zuvor stattgefunden hat, noch aufdecken können, führt die Zustimmung zu einem solchen Test in der Regel zu einer Blutentnahme.

- **Wischtest (Speichel-/Schweißtest):** Der Drogenwischtest wird mit einem vorgefertigten Teststreifen durchgeführt, der sich bei Kontakt mit der jeweils nachzuweisenden Substanz verfärbt. Die Entnahme der Proben erfolgt durch das kurze Anfeuchten der Wischflächen mit Schweiß oder Speichel. Sollen von Oberflächen wie z.B. Autositzen oder Spiegeln Proben genommen werden, wird auf diesen ebenfalls entlanggewischt. Der Teststreifen bindet dabei Anteile des Schweißes, der Haut oder Substanzreste von einer Oberfläche und verfärbt sich bei einer positiven Reaktion.

  Der gravierende Unterschied zu den Urinschnelltestern besteht darin, dass bei einem Speicheltest auf den Wirkstoff (THC) und nicht auf das langlebige Abbauprodukt Carbonsäure (THC-COOH) getestet wird. Damit erfasst dieser Test nur einen «relativ zeitnahen» Konsum von Cannabis. Auch das Wischtestverfahren arbeitet mit so genannten Cut-Off-Werten, das heißt, unterhalb eines Schwellenwerts wird kein positives Ergebnis angezeigt.

Der schon vor Jahren unter anderem in Nordrhein-Westfalen eingesetzte Speicheltest «DrugWipe» war mit einem Cut-Off-Wert von 3 Nanogramm THC/Milliliter Flüssigkeit eingestellt. Nach Untersuchungen von Käferstein (Uni Köln) unterlag der Drug-Wipe dabei einer Fehlerquote von 20 Prozent. In 10 Prozent der Fälle kam es zu **«falsch» negativen** Ergebnissen, das heißt, dass der Test keinen Konsum feststellen konnte, in der Blutprobe dann aber doch ein positiver Befund erfolgte. Bei den anderen 10 Prozent zeigte der Drug-Wipe ein positives Ergebnis, das sich in der anschließenden Blutprobe nicht bestätigen ließ. Daher ist bei diesen Schnelltestverfahren ebenfalls Vorsicht geboten, selbst wenn diese den Zeitraum eines möglichen Konsumnachweises gegenüber einer Urinprobe deutlich verkleinern.

Der weiterentwickelte «Drug-Test 5000» der Firma Dräger ist der derzeit neueste Speichel-/Schweißtester, der von der Polizei eingesetzt wird. In der Erprobungsphase wurde das Testgerät in mehreren Bundesländern durch die Polizei genutzt.

i An den circa 500 Blutproben, die in die Auswertung gelangten, konnte man für den Wirkstoff THC feststellen, dass die Ergebnisse in 84,81 Prozent der Fälle stimmten. Das heißt, dass bei einem positiven THC-Vortest (Cut-Off 5 ng/ml THC im Speichel/Schweiß) auch im Blutserum noch ein Wert von über 1 ng/ml festgestellt werden konnte. Damit lag die «Trefferquote» zwar noch unter der 90-Prozent-Marke, konnte allerdings durch die Absenkung des Cut-Off-Wertes von 25 auf 5 ng/ml deutlich verbessert werden (von 71 auf 84,81 Prozent).

Dies zeigt, dass trotz Weiterentwicklung der Schnelltestverfahren nach wie vor mit einer hohen Fehlerquote zu rechnen ist.

Fragwürdige Rechtspraxis

Die negativen Auswirkungen der derzeitigen Rechtspraxis auf die direkt und indirekt Betroffenen stehen in keinem Verhältnis zu den objektiven Gefahren, die von Cannabis für die Verkehrssicherheit ausgehen. Vielmehr wirkt sich die Rechtspraxis negativ auf die Verkehrssicherheit aus, da die Konsumenten sich dadurch verstärkt nach «legalen» Alternativen umsehen und somit der Markt für «Kräutermischungen» angeheizt wird, von denen unkalkulierbare Risiken für die Verkehrssicherheit ausgehen können.

Darüber hinaus hat sich diese Rechtspraxis auch so weit herumgesprochen, dass viele zu folgender Erkenntnis gekommen sind: Wenn man mit Cannabis erwischt wird, in welcher Form auch immer – nüchtern, im Straßenverkehr, beim Konsum auf einer Party, oder wegen Besitz –, kann man grundsätzlich den Führerschein verlieren. Damit wird im Umkehrschluss vermittelt, dass es eigentlich völlig egal ist, ob man sich als Cannabiskonsument akut berauscht ans Steuer setzt oder nicht. Der Lappen ist ja dann so oder so weg, entweder direkt oder über den Umweg einer Fahreignungsüberprüfung.

Auf juristischer Ebene ist dieser fragwürdigen Rechtspraxis kaum beizukommen. Die Klagemöglichkeiten für Betroffene sind beschränkt, selten von Erfolg gekrönt und haben darüber hinaus nur Auswirkungen auf den Einzelfall. Im Zweifelsfall wirken sie sich sogar negativ auf die Begutachtung aus. Höchstrichterliche Entscheidungen sind mitunter nicht einklagbar, da in diesem verwaltungstechnischen Bereich keine Rechtsmittel bestehen. Die Rechtspraxis kann letztendlich nur über die politische Ebene verändert werden. Dazu müßten folgende Änderungen an der Gesetzgebung bzw. am Erlass von Verordnungen erfolgen:

› **Schritt 1:** Einführung einer **Widerspruchsmöglichkeit bei einer verwaltungsrechtlichen Überprüfungsanordnung.** Dies wurde sogar auch schon vom Deutschen Verkehrsgerichtstag gefordert. Darüber hinaus ist es von wesentlicher Bedeutung für die Frage der «begründbaren» Fahreignungszweifel aufgrund von Tatbesitzumständen/Konsummeldungen, außerhalb einer Verkehrsteilnahme (Besitzüberprüfung)

› **Schritt 2:** Ergänzung zur FeV, dass auch bei Überprüfungs- oder Entzugsmaßnahmen die Verwaltungsbehörde **die Rechtskraft des Bußgeldbescheides zwingend abgewartet** werden muss, analog zur Maßnahmenanordnung gemäß § 36 FeV. Dies würde zum einen verhindern, dass «Unschuldige» mit verwaltungsrechtlichen Maßnahmen belastet werden, bevor sie überhaupt die Chance haben, ihre Unschuld gerichtlich feststellen zu lassen. Zum anderen könnten betroffene Cannabiskonsumenten die Frage, ob der bei ihnen festgestellte THC-Wert eine Wirkung in Sinne des § 24a StVG darstellt, erst einmal gerichtlich klären lassen.

› **Schritt 3:** Unmissverständliche **Regelungen in der FeV**, dass die Fahreignungskriterien bei Cannabis durch die Verwaltungsbehörden nicht anders auszulegen sind als bei Alkohol: zweiter Verstoß gegen § 24a StVG – MPU Anordnung, negatives Gutachten oder Nichtvorlage eines geforderten Gutachtens = Entzug der Fahrerlaubnis.

Dies würde auch dazu führen, dass die Sanktionen aus dem Ordnungsrecht ihre erzieherische Wirkung durch das Fahrverbot erst überhaupt entfalten könnten und von den meisten Cannabiskonsumenten dann auch als Warnschuss wahrgenommen würden. Bei einem weiteren Verstoß, völlig losgelöst von der THC-Grenzwertfrage, wären dann Zweifel an einem ausreichenden Trennungsvermögen auch begründbar, selbst unter Berücksichtigung der Tatsache, dass der Betroffene mit sehr niedrigen THC-Werten erwischt wurde und nicht zwingend zu unterstellen ist, dass er noch unter akuter Rauschwirkung stand.

Ermittlungspraxis bei Besitzdelikten

Dass die Polizei bei der Verfolgung von Besitztatbeständen nicht nur die Verfolgung der Straftat als solches, sondern gezielt und aktiv auch in Richtung möglicher Fahreignungsmängel ermittelt, damit man dem Betroffenen zumindest den Führerschein entziehen kann, möchte ich anhand eines Beispiels beschreiben, das deutlich macht, dass die Polizei das Führerscheinrecht gezielt als

Ersatzstrafrecht nutzt, wenn die Beweislage zu einer strafrechtlichen Verurteilung nicht ausreicht.

Um in die Mühlen der Verwaltungsbehörden zu gelangen, ist es nicht einmal notwendig, dass einem der Besitz von Cannabis nachgewiesen wird. Mancher Behörde reichen schon Hinweise darauf, dass jemand den Cannabiskonsum an sich nicht wirklich schlimm findet, wie folgender Fall von 2013 zeigt:

Der Fall Dirk. Dirk, Anfang 20, ist abends mit seinen Kumpels unterwegs. Sie kommen von einer Party, auf der sie sich ordentlich einen hinter die Binde gekippt haben. Auf den Weg nach Hause kommen die jungen Männer in ihrem alkoholisierten Zustand auf die Idee, die Holzmieten am Wegesrand zu plündern und noch ein Lagerfeuer zu entfachen. Dies bleibt nicht unbeobachtet. Der Besitzer der Holzmieten ruft die Polizei und zeigt die Gruppe wegen Sachbeschädigung und Brandstiftung an. Die herbeigerufenen Beamten stellen schnell fest, dass die Beteiligten ziemlich angetrunken sind, und lassen alle pusten. Bei Dirk werden 1,3 Promille festgestellt. Im Laufe der weiteren Durchsuchung der Betroffenen wird bei Dirk auch eine Haschpfeife gefunden. Dirk hat aber kein Cannabis dabei, nur die Pfeife. Auf einen eventuellen Cannabiskonsum angesprochen, lallt Dirk nur, dass er dazu nichts sage und Cannabis auch nicht so gefährlich sei.

Einige Tage später bekommt auch Dirk Post von seiner Führerscheinstelle und traut seinen Augen nicht, teilt ihm die Führerscheinstelle in diesem Schreiben doch mit, dass sie beabsichtigt, ihm die Fahrerlaubnis aufgrund eines festgestellten Mischkonsums (Alkohol/Cannabis) zu entziehen. Dirk versteht die Welt nicht mehr. Die Behörde gibt ihm nur eine Woche Zeit, zum angekündigten Entzug Stellung zu nehmen. Dirk schaltet natürlich direkt einen Anwalt ein. Wie kommen die auf einen Mischkonsum? Haben ihn die Polizeibeamten doch nur pusten lassen. Also kann auch kein Mischkonsum festgestellt worden sein. Darüber hinaus hat er sich ja auch gar nicht zu seinem Cannabiskonsum geäußert. Der beauftragte Anwalt kann ebenfalls an keiner Stelle erkennen, wie bei Dirk ein Mischkonsum festgestellt worden sein soll, und teilt dies der Behörde auch mit. Daraufhin änderte die Führerscheinstelle die Begründung für den angekündigten Entzug der Fahrerlaubnis wie folgt:

«Sehr geehrter Herr X.,
das Polizeirevier Böblingen teilte uns mit Schreiben vom X.X.2013 mit, dass Sie am Samstag, dem X.X.2013 gegen 00:25 Uhr in Holzgerlingen im Rahmen eines

Einsatzes wegen Sachbeschädigung durch Brandlegung als Tatverdächtiger festgenommen wurden. Zum Zeitpunkt der Festnahme standen Sie erheblich unter Alkohol- und Betäubungsmitteleinfluss.

Der Alkoholwert ergab 0,69 mg/l – 1,38 Promille. Auf den Konsum von Betäubungsmitteln angesprochen, räumten Sie ein, dass der Konsum von Marihuana nicht schlimm sei und Sie diesbezüglich keine Bedenken hätten.

Aufgrund der Gesamtumstände hinsichtlich des Mischkonsums: gelegentlicher Konsum von Cannabis und zusätzlicher Konsum von Alkohol ist die Eignung zum Führen von Kraftfahrzeugen nicht mehr gegeben.

Nach Anlage 4, Ziffer 9.2.2 zu § 14 Fahrerlaubnisverordnung liegt bei Ihnen die Voraussetzung für eine Entziehung der Fahrerlaubnis vor. Die Fahrerlaubnis muss daher entzogen werden.»

Dieses Beispiel ist durchaus kein Einzelfall. Es zeigt aber einmal mehr das merkwürdige Zusammenspiel von Polizei und Verwaltungsbehörden und macht deutlich, wie wichtig es ist, gegenüber der Polizei auch dann keine Aussagen über seine Haltung zu Cannabis und möglichen Konsumgewohnheiten zu machen, wenn man gar nicht in eine Verkehrskontrolle geraten ist, sondern nur wegen eines reinen Besitzdelikts belangt wird.

6. Das verwaltungsrechtliche Verfahren

Wird der Führerschein durch die Verwaltungsbehörde entzogen, kann man gegen die Entzugsverfügung **Widerspruch** und Klage einreichen. Da diese immer mit sofortiger Wirkung angeordnet wird (Gefahrenabwehr), entwickelt der Widerspruch bzw. die Klage gegen den Entzug **keine aufschiebende Wirkung**. Das bedeutet, dass der Führerschein trotz Klage gegen den Entzug so lange entzogen bleibt, bis man das Klageverfahren gewonnen hat. Parallel zum Widerspruch gegen den Entzug hat ein Betroffener aber auch noch die Möglichkeit, über ein **einstweiliges Rechtsschutzverfahren** die Wiederherstellung der aufschiebenden Wirkung durch das zuständige Verwaltungsgericht einzuklagen.

Wenn der Klage stattgegeben wird, stellt dies die aufschiebende Wirkung des Widerspruchs aus dem Hauptsacheverfahren wieder her und der Betroffene erhält seinen Führerschein bis zur Entscheidung im Hauptsacheverfahren wieder. Eine solche Klage dauert in der Regel zwischen 8 und 12 Wochen, in denen der Betroffene auf jeden Fall ohne seine Fahrerlaubnis auskommen muss. In den einstweiligen Rechtsschutzverfahren haben die Verwaltungsrichter die Entscheidung der Behörde in drei Bereichen zu prüfen.

- **Zuständigkeit:** Die Zuständigkeit ist grundsätzlich dann gegeben, wenn der Betroffene seinen ersten Wohnsitz im Zuständigkeitsbereich der Behörde hat.
- **Sachliche Richtigkeit:** Ob die Feststellung der «Nichteignung» durch die Behörde sachlich richtig ist (vgl. Anlage 4 FeV) ist, und der daraus resultierende Fahreignungsausschluss im Hauptsacheverfahren bestätigt werden würde.
- **Die materielle Prüfung:** Hier geht es darum zu prüfen, welche Auswirkungen es auf die allgemeine Verkehrssicherheit haben könnte, wenn der Betreffende vorerst wieder in den Besitz einer Fahrerlaubnis kommt, sprich wie hoch die **Gefahr für die allgemeine Verkehrssicherheit** ist, wenn der Betroffene wieder aktiv am Straßenverkehr teilnimmt. Auf der anderen Seite muss das Gericht bei der Interessensabwägung auch die materiellen

Auswirkungen des Führerscheinverlustes auf den Betroffenen berücksichtigen. Hierzu zwei Fallbeschreibungen:

DER FALL KLAUS. Klaus gerät nach einem Festival in eine Verkehrskontrolle. Dabei wird auch eine Blutentnahme durchgeführt. Im Blutserum von Klaus wird ein THC-Wert von 1,2 Nanogramm im Blutserum festgestellt. Zusätzlich werden auch 15 Nanogramm Amphetamin festgestellt. Aufgrund der Tatsache, dass die Polizei bei der Kontrolle auf dem Führerschein von Klaus die ausstellende Behörde nicht entziffern kann, erfolgt fürs erste keine direkte Meldung an die zuständige Führerscheinstelle.

Einige Monate später wird Klaus ein Bußgeldbescheid zugestellt. Diesem zufolge hat Klaus eine Drogenfahrt begangen. Gegen diesen Bußgeldbescheid legt Klaus beim zuständigen Gericht Einspruch ein. Damit werden das angedrohte Bußgeld, die Punkte und das Verbot von vier Wochen vorläufig nicht rechtskräftig. Klaus ist sich sicher, dass er zum Zeitpunkt der Verkehrskontrolle nicht mehr unter der akuten Rauschwirkung von Cannabis gestanden hat. Er hat an den Tagen auf dem Festival zwar einige Joints geraucht, das letzte Mal aber am Vorabend der Kontrolle. Wieso auch noch Amphetamin festgestellt wurde, kann Klaus sich nicht erklären, denn außer Cannabis hat er noch nie andere illegale Drogen konsumiert.

Etwa 13 Monate später, das Einspruchverfahren gegen den Bußgeldbescheid läuft noch, flattert Klaus ein Schreiben seiner Führerscheinstelle in Bielefeld ins Haus. In dem Schreiben wird Klaus mitgeteilt, dass er laut Polizeibericht zum damaligen Zeitpunkt unter dem Einfluss von Cannabis am Kraftverkehr teilgenommen hätte und im Weiteren auch noch der Konsum von Amphetaminen festgestellt worden sei. Aufgrund dieser Tatsachen besteht nach Auffassung der Fahrerlaubnisbehörde die Nichteignung zum Führen von Kraftfahrzeugen. Die Behörde gibt Klaus eine Woche Zeit, zum beabsichtigten Entzug der Fahrerlaubnis Stellung zu beziehen. In diesem Anhörungsverfahren teilt der hinzugezogene Rechtsanwalt der Fahrerlaubnisbehörde mit, dass Klaus nicht wissentlich Amphetamin konsumiert habe, die Drogenfahrt im weiteren noch nicht rechtskräftig bewiesen sei, da das Einspruchsverfahren noch laufe, und die Tatsachenfeststellung darüber hinaus mehr als ein Jahr zurückliege. Aus diesem Grund sei ein sofortiger Entzug der Fahrerlaubnis unverhältnismäßig. Darüber hinaus teilt der Rechtsanwalt der Behörde mit, dass Klaus bereit ist, mittels Haaranalyse nachzuweisen, dass kein Konsum von Amphetaminen stattgefunden hat.

FÜHRERSCHEIN WEG. Trotz des Angebots, zweifelsfrei nachzuweisen, dass kein Amphetamin konsumiert wurde, entzieht die Fahrerlaubnisbehörde Klaus den Führerschein. Die Entzugsverfügung ordnet sie wie üblich mit sofortiger Vollziehung an, so dass die aufschiebende Wirkung des Widerspruchs gegen den Entzug der Fahrerlaubnis ausgesetzt wurde.

Also geht der Rechtsanwalt in das einstweilige Rechtsschutzverfahren vor dem Verwaltungsgericht, um die aufschiebende Wirkung des Widerspruchs wiederherstellen zu lassen. Die Argumentation vor dem Verwaltungsgericht lautet, dass die Behörde aufgrund der Tatsachenmeldung der Polizei zwar berechtigte Zweifel an der Fahreignung begründen könne, die Feststellung einer aktuellen Nichteignung aber nicht getroffen werden kann, aufgrund der Tatsache, dass die vermeintliche Konsumfeststellung schon länger als zwölf Monate zurückliegt und der Mängelkatalog der FeV die Fahreignung per se dann ausschließt, wenn Konsum von Betäubungsmitteln vorliegt, und nicht etwa, wenn ein Konsum irgendwann einmal vorgelegen hat.

Die Verwaltungsrichter wollen dieser Argumentation allerdings nicht folgen. In ihrer Entscheidung stellen sie fest, dass zum einen die Verwaltungsbehörde von B. zuständig ist, da Klaus seinen Erstwohnsitz in B. hat, zum anderen, dass die Behörde gemäß Paragraph 11 Abs. 6 FeV auch ohne vorherige Überprüfung der Fahreignung die Fahrerlaubnis entziehen kann, wenn die Nichteignung des Betreffenden zur Überzeugung der Behörde feststeht. Eine materielle Prüfung, sprich die Abwägung zwischen der vermuteten Gefahr, die durch Klaus für die Verkehrssicherheit ausgeht – auch wenn er schon nachweisen konnte, dass er in den letzten Monaten nicht mehr konsumiert hat – und den materiellen Schäden, die Klaus durch einen Entzug der Fahrerlaubnis zu erwarten hat, hat offenbar nicht stattgefunden.

Das Interessanteste an dieser Entscheidung, auch wenn sie sich formaljuristisch einwandfrei präsentiert, kann man der Urteilsbegründung entnehmen: Die Richter sind offenbar zu der Überzeugung gekommen, dass zum Zeitpunkt der Klage die Nichteignung von Klaus nicht feststeht und die Behörden entsprechende Drogenscreenings oder eine MPU anzuordnen hätten, dies allerdings bei Aufrechterhaltung der sofortigen Vollziehung des Fahrerlaubnisenzugs. Inhaltlich ist die Entscheidung somit nicht nachvollziehbar. Klaus zieht daraufhin die Klage im Hauptsacheverfahren zurück, da das Wiedererteilungsverfahren über den Weg einer MPU schneller und kostengünstiger erscheint.

Die Klage gegen den Bußgeldbescheid hat hingegen Erfolg. Zwar wird die erstinstanzliche Entscheidung vom Oberlandesgericht an das zuständige Amtsgericht zurückverwiesen; aber auch in dem erneuten Verfahren wurde Klaus vom Tatvorwurf einer Drogenfahrt freigesprochen. Der Amtsrichter bei diesem Verfahren wundert sich darüber, dass die Frage, ob Klaus eine Drogenfahrt begangen habe und entsprechend mit Fahrverbot, Bußgeld und Punkten zu bestrafen sei, die Gerichte seit Monaten beschäftigt, obwohl er schon seit Monaten nicht mehr im Besitz einer gültigen Fahrerlaubnis ist und das angedrohte Fahrverbot selbst bei einer Verurteilung ins Leere laufen würde.

Ein weiterer Fall:

Der Fall Volker. *Volker, Mitte 40, ist Ende 2005 in der Nähe von Hamburg mit seinem PKW unterwegs. Dabei gerät er in eine Verkehrskontrolle. Offensichtlich schult die Polizei gerade neue Kollegen in der Drogenerkennung im Straßenverkehr. Volker wird im Zuge der Verkehrskontrolle befragt, ob er schon einmal Drogen konsumiert hat. Volker war erst tags zuvor auf einer Geburtstagsfeier, wo am späten Abend auch der eine oder andere Joint die Runde gemach hat. Aber das ist schon etliche Stunden her, und Volker hat auch nur ein paar Mal daran gezogen. Obwohl Volker keine Angaben zu einem etwaigen Cannabiskonsum macht und auch sonst keinerlei Anzeichen für eine Drogenwirkung vorliegen, nimmt ihn die Polizei mit zur Wache und veranlasst eine Blutentnahme.*

Einige Zeit später ist das Ergebnis der Blutprobe da: Im Blutserum konnte der Wirkstoff THC festgestellt werden. Da Volker in Schleswig-Holstein in eine Verkehrskontrolle geraten ist und dort seinen Wohnsitz hat, wird ausschließlich der reine THC-Befund an die Führerscheinstelle übermittelt. Nach dem vorliegenden Gutachten konnte bei Volker noch ein THC-Wert von 0,8 ng/ml Blutserum nachgewiesen werden. Demnach lag Volkers Wert noch unter dem analytischen Grenzwert von 1,0 ng/ml, der als Schwelle bzw. als Grenzwert für den Ordnungswidrigkeitstatbestand von der Grenzwertkommission vorgeschlagen ist. Eine Verfolgung der vermeintlichen Drogenfahrt kann daher also nicht über das Ordnungsrecht wegen Verstoß gegen Paragraph 24 A StVG erfolgen.

Fahreignungszweifel. *Die zuständige Führerscheinstelle allerdings fordert Volker auf, entweder sein Einverständnis zur Ermittlung der THC-Carbonsäurewerte zu erteilen, damit sich die Führerscheinstelle ein Bild von seinen generellen*

Konsumgewohnheiten machen kann, oder sich zu verpflichten, die gegen ihn entstandenen Fahreignungszweifel mittels Drogenscreening auszuräumen. Volker versteht die Welt nicht mehr, hat er doch nachweislich keine Drogenfahrt begangen – wieso zweifelt jetzt die Fahrerlaubnisbehörde an seinem Trennungsvermögen? Er entscheidet sich, der Aufforderung nicht zu folgen – bei einem Alkoholkonsumenten, der im Straßenverkehr unterhalb des Alkoholgrenzwerts erwischt wird, wird schließlich auch kein Gutachten gefordert, das Aufklärung über seinen Alkoholkonsum geben soll. Aufgrund der Weigerung entzieht ihm die Führerscheinstelle den Führerschein mit sofortiger Wirkung. Volker schaltet einen Anwalt ein. Dieser legt Widerspruch gegen den Entzug der Fahrerlaubnis ein; gleichzeitig leitet er unmittelbar ein einstweiliges Rechtsschutzverfahren ein, um die aufschiebende Wirkung des Widerspruchs wiederherstellen zu lassen.

KEINE DROGENFAHRT? Der Rechtsanwalt argumentiert in dem Verfahren mit dem Umstand, dass Volker nachweislich keine Drogenfahrt begangen hat und somit auch keine Zweifel an seiner Trennungsbereitschaft begründet werden können. Die Verwaltungsrichter sehen dies anders und weisen die Klage ab. Begründet wird dies damit, dass bei Überschreitung des analytischen Grenzwertes – wenn also eine Drogenfahrt vorgelegen hat – die Nichteignung feststehen würde, die Unterschreitung des Grenzwertes allerdings Zweifel an der Trennungsbereitschaft begründen kann. Daher sei auch die Überprüfungsaufforderung seitens der Behörde rechtsfehlerfrei und Volker wäre verpflichtet gewesen, dieser Aufforderung nachzukommen.

Obwohl Volker die Sache so nicht auf sich sitzen lassen will und den Klageweg weiterhin beschreitet, muss er – nachdem das Bundesverfassungsgericht eine Verfassungsbeschwerde in seinem Fall nicht angenommen hat – feststellen, dass er das Hauptsacheverfahren nur noch als Fußgänger bestreiten könnte. Also zieht er auch seine Klage im Hauptsacheverfahren zurück, beantragt die Fahrerlaubnis neu, macht eine MPU, besteht diese und erhält im Anschluss seine Fahrerlaubnis wieder.

7. Das Wiedererteilungsverfahren

Ist der Führerschein durch die Verwaltungsbehörde entzogen worden oder wurde freiwillig auf die Fahrerlaubnis verzichtet, kann bei der Behörde jederzeit ein **Antrag auf Wiedererteilung der Fahrerlaubnis** gestellt werden. (Ausnahme: Wenn der Entzug der Fahrerlaubnis gemäß Paragraph 69 StGB durch ein Strafgericht erfolgte und eine Sperrfrist verhängt wurde, kann der Antrag auf Wiedererteilung der Fahrerlaubnis erst nach Ablauf der verhängten Sperrfrist gestellt werden.) Da der Entzug bei Cannabiskonsumenten in der Regel jedoch durch die Verwaltungsbehörde erfolgt, können sie jederzeit einen Antrag auf Wiedererteilung stellen. Hierbei sollten allerdings die Spielregeln der Fahreignungsbegutachtung berücksichtigt werden.

Um wieder in den Besitz einer Fahrerlaubnis zu kommen, muss als erstes der Antrag bei der zuständigen Behörde (Wohnortbehörde) gestellt werden.

Die Bearbeitung der Anträge kann je nach Behörde unterschiedlich lange dauern; in Berlin beispielsweise verweist die Behörde darauf, dass die Antragsbearbeitung bis zu zwölf Wochen in Anspruch nehmen kann. Auch die Fristen, die nach Antragsbearbeitung zur Vorlage einer positiven MPU-Bescheinigung gesetzt werden, sind sehr unterschiedlich. Berlin räumt den Antragstellern nach Bearbeitung ihres Antrages sechs Monate Zeit ein, um das geforderte Gutachten einzureichen. Andere Behörden setzen teilweise lediglich eine Frist von sechs Wochen.

Zur Antragstellung muss der Betreffende, je nach beantragter Fahrerlaubnisklasse (bis 3,5 t/B oder über 3,5 t/C, Alt Klasse 3), unterschiedliche Unterlagen/Nachweise mitbringen:

Unterlagen zum Antrag auf Wiedererteilung			
	Fahrzeuge bis 3,5t	**Fahrzeuge über 3,5t**	**ungefähre Kosten**
Verwaltungsgebühr für den Antrag			120–220 Euro (Berlin) je nach Wohnort
Passfoto biometrisch	X	X	5 Euro
Polizeiliches Führungszeugnis (Belegart «O»)	X	X	Berlin z.B.: 13 Euro
Sehtestnachweis vom Optiker	X		10 Euro
Augenärztliches Gutachten		X	ca. 80–100 Euro
Nachweis über die Teilnahme an einem Kurs «Lebensrettende Maßnahmen am Unfallort» (8 Stunden)	X		ca. 30 Euro
Nachweis über die Teilnahme an einem Kurs «Erste Hilfe» (16 Stunden)		X	30 Euro
Ärztliche Bescheinigung über die körperliche und geistige Eignung gemäß Anlage 5 FeV		X	80–100 Euro

Liegt der Antrag auf Wiedererteilung der Fahrerlaubnis mit allen notwendigen Unterlagen vor, aktualisieren die Sachbearbeiter die Führerscheinakte, indem sie unterschiedliche Register abfragen (zum Beispiel aktueller Auszug aus Flensburg, Strafregister, etc.). Aus dem aktualisierten Inhalt der Akte ergeben sich dann die durch den Gutachter (MPU) zu klärenden Fragen. Hat der Antragsteller neben einer Drogenfahrt zum Beispiel schon einmal einen Alkoholverstoß begangen oder in anderer Weise gegen verkehrsrechtliche Vorschriften verstoßen, so kann die Fragestellung an den Gutachter umfangreicher ausfallen.

Nach Antragsstellung wird dem Betroffenen dann mitgeteilt, dass aufgrund der Aktenlage nach wie vor erhebliche Zweifel an seiner Fahreignung bestehen und er diese durch ein entsprechendes Fahreignungsgutachten auszuräumen hat. Wenn bisher einzig und allein die einmalige «Drogenfahrt» aktenkundig ist und keine anderen verkehrsrechtlichen Verstöße begangen wurden, beschränkt sich die **Fragestellung an den Gutachter** in der Regel auf drei wesentliche Fragen:

- Liegt beim Betroffenen Betäubungsmittelkonsum vor?
- Liegen psychofunktionale Beeinträchtigungen vor, die das sichere Führen eines Kraftfahrzeuges infrage stellen?
- Ist zu erwarten, dass der Betroffene zukünftig ein Kraftfahrzeug unter dem Einfluss von Betäubungsmitteln führen wird?

Sind weitere verkehrsrechtliche Einträge in der Akte, auch wenn die Punkte dafür schon verfallen sind, kann die Fragestellung an den Gutachter entsprechend erweitert werden.

Bei einem **aktenkundigen Alkoholverstoß** ist in der Regel zusätzlich zu den zuvor genannten Fragen folgende Frage durch den Gutachter zu klären:

- Ist zu erwarten, dass der Betroffene zukünftig ein Kraftfahrzeug unter dem Einfluss von Alkohol führen wird?

Sind **andere Verkehrsverstöße** wie zum Beispiel Geschwindigkeitsüberschreitungen (auch einmalige) aktenkundig, kann die Fragestellung um folgende Frage erweitert werden:

- Ist zu erwarten, dass der Betroffene erneut gegen verkehrsrechtliche Vorschriften verstoßen wird ?

Im weiteren können auch Informationen über Krankheitsbilder zu weiteren spezifischen Fragestellungen führen. Welche Fragen im konkreten Fall tatsächlich durch den zuständigen Sachbearbeiter formuliert werden, ist nicht nur vom Akteninhalt, sondern auch von der zuständigen Behörde abhängig. So ist es in Berlin mittlerweile an der Tagesordnung, dass jeder Verkehrsverstoß, der in den letzten Jahren begangen wurde, völlig unabhängig davon, ob die Punkte dafür schon verjährt sind, automatisch zu einer weiteren Fragestellung führt. Andere Behörden beschränken sich bei ihrer Fragestellung ausschließlich auf den Sachverhalt, der zum Entzug bzw. zum Verzicht der Fahrerlaubnis geführt hat.

In einem Fall hat eine Behörde trotz aktuellem Punktestand von 10 in Flensburg und einer weiteren Alkoholfahrt anderthalb Jahre zuvor die Fragestellung im Wiedererteilungsverfahren bei den Betroffenen auf die auf Seite 87 dargestellte Fragestellung beschränkt. Als Gegenbeispiel hat die Berliner Behörde in einem Fall sogar eine doppelte Fragestellung formuliert, weil der Betroffene anderthalb Jahre zuvor einmal vergessen hatte, auf seinem Moped den Helm zu tragen. Der dafür verhängte Punkt in Flensburg war auch schon gelöscht. Wie die konkrete Fragestellung aussieht, hängt also einzig und allein vom einzelnen Sachbearbeiter bzw. der Behörde ab.

Nach Antragsbearbeitung wird dem Betreffenden dann mitgeteilt, welche konkreten Fragen in seinem Fall durch den Gutachter zu klären sind, bis wann er eine Begutachtungsstelle gegenüber der Behörde nennen muss und bis wann das Gutachten der Behörde vorgelegt werden muss. Die Behörde übermittelt die komplette (für die Fragestellung relevante) **Führerscheinakte** an das für die Begutachtung ausgewählte Institut.

Sobald die Akte bei der Begutachtungsstelle eingetroffen ist, schreibt diese ihren Kunden an und bedankt sich für die Auftragserteilung. Ferner teilt es ihm mit, welche Kosten, abhängig von der Fragestellung, für die MPU entstehen und dass diese fristgerecht vorab zu überweisen sind. Erst nach Eingang der Zahlung wird ein **Termin zur MPU** vergeben.

Nach der Begutachtung wird die Führerscheinakte durch das Begutachtungsinstitut kommentarlos an die entsprechende Führerscheinstelle zurückgesandt. Kommt es nicht zu einer Begutachtung, schickt die Begutachtungsstelle die Akte spätestens nach Ablauf der behördlichen gesetzten Frist ebenfalls kommentarlos an die Führerscheinstelle zurück.

- Ist das Gutachten für den Betroffenen positiv, kann er dieses der Behörde vorlegen und erhält dann seine Fahrerlaubnis zurück.
- Ist das Gutachten negativ oder hat man sich der Begutachtung nicht oder nicht fristgerecht gestellt, wird der Antrag auf Wiedererteilung der Fahrerlaubnis durch die Behörde negativ beschieden. Das heißt, die Antragsgebühren sind verloren und man muss erneut einen Antrag auf Wiedererteilung der Fahrerlaubnis stellen.

Stellt sich im Zuge der Vorbereitung zur MPU heraus, dass die Frist zur Abgabe des Gutachtens zu knapp ist, ist es oftmals möglich, eine Verlängerung der Frist zur Abgabe des Gutachtens auszuhandeln. Diese Möglichkeit besteht in der Regel nicht, wenn der Betreffende noch im Besitz seiner Fahrerlaubnis ist.

Seit 2008 (vgl. 4, Änderungsverordnung zur FeV) muss man auch in den Fällen, in denen die Fahrerlaubnis länger als zwei Jahre entzogen war, keinen neuen Führerschein mehr machen bzw. die dafür vorgesehenen Prüfungen (praktische/theoretische) ablegen. Seit dem 01.01.2013 werden die Führerscheine nur noch befristet ausgestellt (15 Jahre). Dies betrifft laut Behörden jedoch ausschließlich das Dokument (Führerschein) und nicht die formale behördliche Fahrerlaubnis!

8. Die Führerscheinakte

Über jeden Fahrerlaubnisinhaber bzw. Bewerber legt die zuständige Verwaltungsbehörde (Führerscheinstelle) eine Akte an. In dieser Akte findet man alle relevanten Daten, wie zum Beispiel Anträge, Unterlagen, die zur Antragstellung eingereicht wurden, aber auch Auszüge aus Flensburg (Punktekonto) sowie strafrechtlich relevante Informationen und Urteile. Sie ist somit ein zentraler Informationspool, der für die Fahreignungsbegutachtung von zentraler Bedeutung ist und durch den Gutachter vor, während oder nach der Begutachtung genauestens analysiert wird.

Der Umfang einer solchen **Führerscheinakte** ist sehr individuell und hängt nicht zuletzt davon ab, welche Informationen der Führerscheinstelle über die betreffende Person von dritter Seite mitgeteilt werden (Polizei/Ordnungsbehörden). Informationen, die in der Führerscheinakte landen (können), sind:

- **Auszüge aus Flensburg (Punktekonto):** Unabhängig von der Frage, ob aktuell überhaupt noch Punkte auf dem Konto vorrätig sind, sind diese von Relevanz, da jeder Verstoß innerhalb der letzten Jahre unabhängig davon, ob noch Punkte bestehen, zu weitergehenden Fahreignungszweifeln führen kann (vgl. oben, Fragestellung bei der Begutachtung).
- **Strafanzeigen** (z.B. auch Körperverletzung/Beleidigungen etc.): Gerade Straftaten, die ein hohes Aggressionspotenzial aufweisen, sind für die Fahreignung relevant, da ein aggressives Verhalten dann auch im Straßenverkehr zu erwarten ist.
- **Vernehmungsprotokolle** (aus Strafermittlungsverfahren): Aus den im Zuge von Strafermittlungsverfahren (Verstoß gegen das Betäubungsmittelgesetz/Besitz Eigenbedarf) gewonnenen Ermittlungsergebnissen landen mitunter selbst Protokolle von Zeugenvernehmungen in den Führerscheinakten.
- **Polizeiberichte** (Tätigkeitsberichte, z.B. von Verkehrskontrollen): Im Zuge von Verkehrskontrollen (Drogenkontrollen) fertigt die Polizei grundsätzlich einen sogenannten **Tätigkeitsbericht** an. In diesem werden die wesentlichen Tätigkeiten der Polizei, die im Zuge der Kontrolle erfolgten,

dokumentiert. Er umfasst unter anderem: Datum und Uhrzeit der Kontrolle, Grund der Kontrolle (Verkehrskontrolle/Drogenkontrolle), Witterung, Zustand der Fahrbahn etc. Im weiteren dokumentieren diese Tätigkeitsberichte aber auch Feststellungen (Torkelbogen), die den Betroffenen bzw. dessen Zustand beschreiben (zum Beispiel ungepflegtes Erscheinungsbild, glasige Augen, gerötete Bindehäute, unsicherer Stand, dumpfe Stimmung etc.).

Darüber hinaus finden sich in diesen Tätigkeitsberichten auch immer wieder Angaben, die der Betreffende im Zuge der Verkehrskontrolle gemacht hat oder gemacht haben soll. Wird der Betroffene zum Beispiel bei der Kontrolle durch den Beamten gefragt, ob er auch in der Woche konsumiert und er reflexartig erwidert «Nein, nur am Wochenende», schreibt der Beamte in den Tätigkeitsbericht, es sei eingeräumt worden, jedes Wochenende zu konsumieren.

- **Laborberichte** (toxikologische Gutachten): Die Laborberichte sind grundsätzlich Bestandteil der Ermittlungsakten und landen somit ebenfalls mit dem Polizeibericht zusammen in der Führerscheinakte. Immer dann, wenn ein THC-Nachweis über 1 Nanogramm/Milliliter erfolgen konnte, wird dies in einem Untersuchungsbericht festgehalten. Neben der Dokumentation über das Untersuchungsmaterial (Blut, Haar, Urin), Untersuchungsauftrag (auf was soll untersucht werden) und den Untersuchungsergebnissen selbst werden die Ergebnisse durch den Toxikologen auch entsprechend interpretiert.
- **Fahreignungsgutachten:** Alle von der Behörde geforderten Unterlagen finden sich in der Akte wieder. Somit sind Fahreignungsgutachten, Kursnachweise etc. grundsätzlich in der Führerscheinakte zu finden. Diese Gutachten gelangen allerdings (mit wenigen Ausnahmen) grundsätzlich nur durch den Betroffenen selber in die Akte, indem er ein gefordertes Gutachten selber eingereicht hat. Damit befinden sich die positiven Gutachten aus der Vergangenheit grundsätzlich in der Führerscheinakte. Aber auch negative Gutachten befinden sich in der Führerscheinakte, wenn der Betroffene diese eingereicht hat. Deshalb sollte man ein **negatives Gutachten grundsätzlich nicht einreichen**, da dieses nie wieder aus der Akte verschwindet und der Inhalt des Gutachtens erst nach zwölf Jahren unter ein Verwertungsverbot fällt und erst dann nicht mehr berücksichtigt

werden darf. Dies betrifft nicht nur die MPU-Gutachten, sondern auch die fachärztlichen Gutachten, insbesondere wenn sie aufgrund einer vermeintlichen Drogenfahrt angeordnet wurden, um lediglich den Konsumstatus festzustellen.

9. Das fachärztliche Gutachten

Die Verwaltungsbehörden haben auf Grundlage der Fahrerlaubnisverordnung FeV (§ 14) eine Überprüfung der Fahreignung einzuleiten, wenn der Verdacht auf einen Drogenmissbrauch besteht oder an einem ausreichenden Trennungsvermögen gezweifelt wird. Hierbei ist nach FeV ein abgestuftes Verfahren vorgesehen. Demnach ist ein fachärztliches Gutachten anzuordnen, wenn:

- der Verdacht auf einen erheblichen Cannabismissbrauch besteht, ohne dass ein Bezug zur Verkehrsteilnahme vorgelegen haben muss
- eine «Drogenfahrt» unter Cannabiseinfluss begangen wurde, ohne dass jedoch ein wiederholter Konsum, sprich ein gelegentlicher Cannabiskonsum eingeräumt oder anhand der festgestellten Cannabis-Carbonsäure festgestellt werden konnte.

Das fachärztliche Gutachten ist im Gegensatz zur MPU in der Fragestellung beschränkt. Die Aufgabe des Facharztes ist es, den aktuellen **Konsumstatus** festzustellen. Hierfür werden in der Regel Urinkontrollen durchgeführt, alternativ dazu ist auch eine Haaranalyse möglich, um den aktuellen Konsumstatus zu ermitteln. Darüber hinaus findet in der Regel auch ein Arztgespräch statt, in dem der Betroffene zu seinen zurückliegenden Cannabiskonsum befragt wird. Mögliche Indikatoren für einen Missbrauchsverdacht können sein:

- der einmalige Besitz von Cannabis (zwischen 3 und 10 Gramm)
- Anbau von Cannabis = Verdacht auf einen mehr als gelegentlichen Konsum
- Besitz von Cannabissamen = Verdacht auf den Anbau = Verdacht auf mehr als gelegentlichem Konsum
- Verwendung von Rauchgeräten, z.B. Bong oder Wasserpfeife = harte Konsumform
- wiederholte Besitzauffälligkeit = Verdacht auf einen mehr als gelegentlichen Konsum.
- wiederholte Konsumauffälligkeit = Verdacht auf einen mehr als gelegentlichen Konsum.

Eine Drogenfahrt gem. § 24a StVG liegt schon dann vor, wenn ein THC- Wert über dem analytischen Grenzwert von 1 ng/ml im Blutserum festgestellt wird. Liegt der THC-Carbonsäure-Wert, der einen Einblick in die Konsumfrequenz ermöglicht, allerdings im niedrigeren Bereich (zwischen 35 und 100 ng/ml) ist aus wissenschaftlicher Sicht nicht mit Sicherheit von einem wiederholten Konsum auszugehen. Hat der Betroffene sich nicht ausführlicher zu seinen Konsumgewohnheiten geäußert, kann die Behörde den gelegentlichen Konsum auch nicht unterstellen; sie kann aber ein fachärztliches Gutachten zur Klärung der Konsumgewohnheiten anordnen. In beiden Fällen hat der Facharzt die Aufgabe, festzustellen, ob einerseits noch ein Konsum von Cannabis vorliegt und wie andererseits der zurückliegende Cannabiskonsum zu bewerten ist.

Dem Gutachter fällt laut Begutachtungsleitlinien die Aufgabe zu, anhand forensisch gesicherter Drogenscreenings den aktuellen Konsumstatus festzustellen. Hierfür werden die Betroffenen zwei- bis dreimal unvorhergesehen zu einem Urinscreening vorgeladen. Alternativ dazu kann auch eine Haaranalyse erfolgen. Im Weiteren hat der Gutachter, sofern es die Führerscheinstelle verlangt, ein Arztgespräch mit dem Betreffenden zu führen, um ihn zu seinen zurückliegenden Konsumgewohnheiten zu befragen. (Eine psychologische Befragung zu Konsum- bzw. Abstinenzmotivationen – zur Frage, warum man konsumiert hat bzw. weshalb man vorhat, nun nicht mehr zu kiffen – darf nach den Begutachtungsleitlinien nicht erfolgen, da diese einer MPU vorbehalten ist.)

Wird ein reiner Missbrauchsverdacht (**ohne Verkehrsbezug**) durch den Facharzt bestätigt, so entzieht die Behörde die Fahrerlaubnis wegen Nichteignung zum Führen von Kraftfahrzeugen. Die Feststellung eines Missbrauchs (regel- und gewohnheitsmäßiger Cannabiskonsum) erfolgt meist dann, wenn beispielsweise

- bei einem Urin-Screening noch ein zurückliegender Konsum festgestellt wird;
- nach kurzfristiger Einbestellung im Blutserum ein THC-Carbonsäure-Wert von 75 ng/ml oder größer festgestellt wird, der den regel- und gewohnheitsmäßigen Konsum belegt;
- Angaben zum zurückliegenden Konsum gemacht werden, die auf einen regelmäßigen Konsum schließen lassen, wie z.b. immer an Wochenenden, mehr als einmal im Monat, immer dann, wenn es zu Hause Stress gab etc.

Selbst wenn der Facharzt keinen fahreignungsausschließenden gewohnheitsmäßigen Konsum feststellen kann, kann die Behörde weitere Aufklärungsmaßnahmen anordnen.

In NRW sieht der Runderlass, der für die Behörden aber nicht rechtsverbindlich ist, vor, dass in den Fällen, bei denen ein Carbonsäurewert zwischen 5 und 74,9 ng/ml liegt, nach wie vor der Verdacht auf einen mehr als gelegentlichen Konsum besteht und daher ein weiteres Screening anzuordnen ist. Sollte der Carbonsäurewert beim erneuten Screening wieder über 5 ng/ml liegen, ist dann im weiteren eine MPU anzuordnen

In anderen Bundesländern wird in den Fällen, in denen die Zweifel an der Fahreignung durch das fachärztliche Gutachten nicht abschließend ausgeräumt werden konnten, meist unmittelbar eine weitergehende MPU angeordnet.

Wenn ein **Verkehrsbezug** bestand, sprich ein THC-Wert von 1 ng/ml oder größer im Blutserum festgestellt wurde, aber ansonsten keine Informationen über den Konsumstatus vorliegen, entweder anhand von eigenen Angaben oder durch einen hohen Carbonsäurewert (zwischen 35 und 100 ng/ml), muss die Behörde als erstes die Konsumfrequenz ermitteln lassen.

Zu diesem Zweck ordnet die zuständige Behörde ein fachärztliches Gutachten an. Durch dieses Gutachten soll zuerst abgeklärt werden, was für ein Konsum vorgelegen hat. Meist lautet die Fragestellung seitens der Behörden dann wie folgt:

Liegt bei Herrn/Frau XY ein Betäubungsmittelkonsum vor, der die Fahreignung ausschließt, oder in Frage stellt?

Bei Cannabis ist zusätzlich dazu Stellung zu nehmen, ob der zurückliegende Cannabiskonsum bei dem Betroffenen als einmalig, gelegentlich oder regelmäßig zu bezeichnen ist.

Vorsicht, Falle: Liegt **ein formaler Verkehrsverstoß** vor, auch wenn dieser noch nicht rechtskräftig bewiesen ist, und der Gutachter ermittelt einen mehr als einmaligen Konsum in der Vergangenheit, hat dies in der Regel den Entzug der Fahrerlaubnis zur Folge, da damit aus behördlicher Sicht der gelegentliche Cannabiskonsum belegt ist und dieser in Verbindung mit einer Drogenfahrt automatisch zum Fahreignungsausschluss führt. Ein Beispiel aus Bremen:

Der Fall Carl. Carl, Mitte 20, kommt in eine Verkehrskontrolle. Bei ihm werden folgende Werte festgestellt: 2,2 ng/ml THC und 25 ng/ml THC-COOH (Carbonsäure). Einige Zeit später wird Carl von seiner Führerscheinstelle aufgefordert, ein fachärztliches Gutachten bei der Behörde vorzulegen. Bei den durchgeführten Screenings kann kein Cannabiskonsum mehr nachgewiesen werden. Im Arztgespräch räumt Carl ein, in der Vergangenheit fünf- bis sechsmal im Jahr Cannabis konsumiert zu haben. Der Facharzt schreibt die Angaben von Carl so in das Gutachten und bewertet Carls Konsum als gelegentlichen Konsum, der keine weitergehenden Fahreignungszweifel begründen kann, insbesondere da Carl auch nicht vorhat, nochmals zu konsumieren.

Da sich das Gutachten für Carl durchweg positiv anhört, geht er zu seiner Führerscheinstelle, um das Gutachten einzureichen. Nachdem der Sachbearbeiter das Gutachten überflogen hat, fordert er Carl auf, seinen Führerschein direkt auf der Behörde zu lassen, da seine Nichteignung damit nun feststehen würde.

Kurzformel: Gelegentlicher Cannabiskonsum plus Drogenfahrt gleich Fahreignungsausschluss (Anlage 4.9.2.2). In solchen Fällen sollte man sich das fachärztliche Gutachten ersparen, fristgerecht freiwillig auf die Fahrerlaubnis verzichten und sie dann neu beantragen. Man sollte dann schon bei Aufforderung zum fachärztlichen Gutachten alternativ mit einem Drogenscreening anfangen.

Ein weiteres Beispiel:

Der Fall Thomas. Thomas, Mitte 30, Geschäftsmann, kommt am späten Nachmittag in eine Verkehrskontrolle. Er ist in einer Tempo-30-Zone zu schnell unterwegs, da er unvorhergesehen seine Tochter abholen muss und in Eile ist. Zu Hause sitzen noch Geschäftspartner, mit denen er einen Geschäftsabschluss gefeiert hat. Alkohol haben sie nicht getrunken, aber eine Haschpfeife hat die Runde gemacht, an der Thomas auch gezogen hat. Er hat zwar schon seit Jahren nicht mehr gekifft, wollte aber kein Spielverderber sein und hatte sogar Lust, wieder mal ein wenig bekifft zu sein. Heute hatte er ja auch keine weiteren Termine mehr. Dachte er. Doch kurz nachdem die Pfeife die Runde gemacht hatte, klingelte das Telefon. Seine Exfrau hatte sich den Fuß verknackst und konnte nun die gemeinsame Tochter nicht von der Schule abholen. Also hat sich Thomas umgehend auf den Weg gemacht. Er hat nach dem Zug aus der Haschpfeife zwar eine milde Haschischwirkung verspürt; diese war nach dem Anruf der Ex aber wie weggewischt.

Das Ergebnis der Blutentnahme ist, wie zu erwarten, auf THC positiv. 2,4 ng/ml THC und 12 ng/ml Carbonsäure. Neben dem Bußgeldbescheid, den Thomas nun zu erwarten hat, ordnet das zuständige Amt in Berlin ein fachärztliches Gutachten an. Die Fragestellung, die durch den Facharzt zu beantworten sein wird, lautet wie folgt: Liegt bei Herrn Thomas X. Betäubungsmittelkonsum vor, der die Fahreignung in Frage stellt? Zusätzlich ist zu klären, ob der zurückliegende Cannabiskonsum als einmaliger, gelegentlicher oder gewohnheitsmäßiger Konsum zu werten ist.

Thomas ist schockiert. Klar, er hat kurz vor Fahrtantritt an einer Haschpfeife gezogen. Dafür ist aber schon der Bußgeldbescheid verhängt worden und er hat das Auto deswegen schon einen Monat stehen lassen müssen. Drei Monate hat er nun Zeit, das Gutachten erstellen zu lassen. Dafür erhält Thomas mit der Aufforderung zusammen ein Formschreiben an den Arzt, der die Begutachtung durchführt, aus dem sich die Fragestellung ergibt.

WIDERSPRÜCHLICHE GUTACHTEN. *Thomas lässt sich eingehend beraten. Wie stehen die Chancen, mit dem Gutachten alle weiteren Zweifel auszuräumen? Es wird ihm klar, dass die Behörde ihm den Führerschein entziehen wird, wenn sich aus dem Gutachten ein gelegentlicher Konsum ergibt. Ein gelegentlicher Konsum wird aber schon angenommen, wenn ein mehr als einmaliger Konsum vorgelegen hat. Thomas ist sicher, dass die Urinkontrollen alle sauber sein werden. Aber wie wird der Gutachter seine Konsumangaben bewerten? Thomas hat ja auch schon Erfahrung mit Cannabis. In seiner Jugend hat er wie viele andere seine ersten Erfahrungen gesammelt. Er hat einige Male mitgemacht, fand es auch ganz witzig, ist aber nicht dabei geblieben, vielleicht weil er Nichtraucher war und ist.*

Da Thomas finanziell ganz gut dasteht, kann er es sich leisten, den Auftrag zur Begutachtung gleich an zwei verschiedene Institute zu vergeben. Von zwei Stellen wird er nun in den nächsten Wochen unabhängig voneinander und unvorhergesehen zum Pinkeln einbestellt. Die Urinkontrollen sind, wie nicht anders zu erwarten, natürlich allesamt ohne Befund. Dann folgen die Gespräche mit den Verkehrsmedizinern. In beiden Arztgesprächen gibt Thomas an, dass er in seiner Schulzeit, die nunmehr 12, 13 Jahre zurückliegt, einige Male konsumiert hat und dann erst wieder an dem Tag, als er kontrolliert wurde. Auch auf die Frage, wie es zu der Drogenfahrt gekommen sei, schildert Thomas den Tag, an dem er kontrolliert worden ist.

Im Abstand von zwei Wochen treffen dann beide in Auftrag gegebenen Gutachten bei Thomas ein. Die Wiedergabe der medizinischen Befunde (Urinproben) und die Wiedergabe von Thomas' Auskünften sind in beiden Gutachten identisch.

Die Interpretation der Angaben hinsichtlich des Konsummusters unterscheidet sich aber deutlich.

- *Der begutachtende Arzt der Begutachtungsstelle A gibt in dem Gutachten lediglich die Konsumangaben von Thomas wieder, ohne diese hinsichtlich einer Konsumfrequenz zu werten.*
- *Die begutachtende Ärztin der Begutachtungsstelle B schreibt in ihrer Interpretation, dass die – identischen – Angaben von Thomas einen gelegentlichen Konsum in der Vergangenheit belegen.*

Da Thomas klar ist, dass Gutachten B somit wertlos ist, reicht er Gutachten A ein, ohne dass klar ist, wie die Behörde seine Angaben aus dem Gutachten hinsichtlich ihrer Fragestellung werten wird. Zählt die Behörde jetzt so wie Gutachterin B eins und eins zusammen und schließt ebenfalls auf einen gelegentlichen Konsum? Das würde bedeuten, dass die Behörde den Führerschein einziehen würde. Vielleicht wird sie aber auch noch eine MPU anordnen. Thomas wartet gespannt auf die Reaktion der Behörde.

Dann, so circa drei Wochen später, teilt die Führerscheinstelle. Thomas mit, dass das Gutachten eingegangen ist und die Fahreignungszweifel damit ausgeräumt sind. Zusätzlich wird er darauf hingewiesen, dass der Führerschein unmittelbar entzogen werden wird, wenn Thomas erneut im Zusammenhang mit Cannabis/Haschisch auffällig wird.

10. Die Fahreignungs-Begutachtung (MPU)

Die **medizinisch-psychologische Untersuchung**, kurz MPU oder im Volksmund auch Idiotentest genannt, wird von vielen Autofahrern gefürchtet. Entscheidet hier doch anscheinend ein Gutachter darüber, ob der Betroffene weiterhin am Kraftverkehr teilnehmen darf oder seine Fahrerlaubnis entzogen wird. In der Kritik steht die MPU insbesondere aufgrund der Tatsache, dass die psychologische Begutachtung, falls sie für die Begutachteten negativ ausgefallen ist, von diesen oftmals nicht nachvollzogen werden kann. Sie fühlen sich dann oft einfach nur gemolken und ausgenommen. Diese Kritik betrifft nicht nur die Begutachtung hinsichtlich illegaler Drogen, sondern auch die anderen Bereiche, zu denen der Gutachter eine **Verhaltensprognose** abgeben und so die Frage klären soll, ob zu erwarten ist, dass der Betroffene erneut gegen verkehrsrechtliche Vorschriften verstößt oder unter Alkohol- oder Drogeneinfluss am Straßenverkehr teilnimmt.

Für den Bereich der illegalen Substanzen ist insbesondere auch eine Verhaltensprognose erforderlich, um zu klären, ob der Betroffene auch in der Zukunft keinerlei Drogen mehr konsumieren wird. Solche Verhaltensprognosen sind allerdings vergleichbar mit einem Blick in die Glaskugel. Kein Gutachter wird mit an Sicherheit grenzender Wahrscheinlichkeit das Verhalten eines Betroffenen voraussagen können. Daher steht insbesondere die Beurteilung des Verkehrspsychologen in der Kritik, die innerhalb eines circa einstündigen Gesprächs gefällt wird.

Schon 1997 schreibt Professor Dr. Hans Ludwig Kröber in seinem Aufsatz *Qualität und Beweiswert der MPU Gutachten aus psychiatrischer Sicht:*

> *Eine Kritik hat der Gutachter aber doch: Das Gutachten enthalte keine Literaturhinweise. Auf diesen Kritikpunkt wäre ich nun auch bei längerem Nachdenken nicht gekommen. Aber ich wäre ja auch nicht zitiert worden. Ich fasse zusammen: Gutachten, die keine nachvollziehbare Wiedergabe der Exploration enthalten, die keinen psychischen Befund enthalten, sind nicht überprüfbar, ohne Beweiswert und in ihrer Beurteilung beliebig. Würfeln wäre fairer. Sie sind Styroporschachteln,*

auf denen Gutachter obendrauf stehen, die aber nichts enthalten als einen Klecks Ketchup, demnächst mit Literaturhinweis.

Die gefühlte Willkür betrifft alle, die vom Urteil und der Prognose eines Verkehrspsychologen abhängig sind. Die Hürde, um einen Verkehrspsychologen von einer Verhaltensänderung zu überzeugen, ist für alle gleichermaßen hoch.

Die Kritik an der Begutachtungspraxis ist sicherlich nicht unberechtigt, dennoch muss man gerade für den Bereich Betäubungsmittel/Cannabis berücksichtigen, dass es nicht die Gutachter sind, die vorschreiben, ab wann beziehungsweise bei welchem (Fehl-)Verhalten Zweifel an der Fahreignung begründet sind. Eine Begutachtungsstelle kann einen behördlichen Untersuchungsauftrag also zum Beispiel nicht einfach mit dem Vermerk an die Behörde zurückschicken, dass aufgrund der vorliegenden Informationen noch keine Fahreignungszweifel berechtigt seien, die eine Begutachtungsanordnung begründen könnten.

Begutachtung – ein lukratives Geschäft

Die Institute für die Fahreignungsbegutachtung (MPU-Stellen) sind keine Behörden, sondern freie Dienstleistungsunternehmen, die allerdings durch die Akkreditierungsstelle der Bundesanstalt für Straßenwesen (BASt) zugelassen werden müssen. Die Begutachtungsstellen müssen für die Zulassung unterschiedliche Kriterien erfüllen und die Preise für die Begutachtung werden durch eine Gebührenordnung verbindlich festgelegt. Die Begutachtungsinstitute müssen ferner auf Grundlage der Begutachtungskriterien arbeiten, die in der medizinisch-psychologischen Fahreignungsdiagnostik vorgegeben sind.

Der Begutachtungsmarkt ist mittlerweile heiß umkämpft, geht es doch pro Jahr um circa 100 000 Begutachtungsaufträge, das sind pro Tag an die 270 Begutachtungen (Samstag und Sonntag mit eingerechnet) mit circa 150 000 Euro Umsatz. Alleine der Bereich der Begutachtung bei Drogenfragestellungen spült an die 25 Millionen Euro pro Jahr in die Kassen der Begutachtungsinstitute. Eingerechnet sind hierbei auch die durchschnittlichen Kosten für die notwendigen Abstinenznachweise. Die Kosten für eine individuelle Vorbereitung sind hingegen in der Schätzung nicht eingerechnet. Mit den Aufbaukursen für drogenauffällige Kraftfahrer gemäß Paragraph 70 FeV setzen die Anbieter noch einmal fast eine halbe Million Euro pro Jahr um.

Die Zeiten, in denen der TÜV das Monopol auf die Fahreignungsbegutachtung hatte, sind schon einige Jahre vorbei. Seither gibt es neben dem TÜV noch eine ganze Reihe von Begutachtungsstellen, die sich den Markt in der Bundesrepublik teilen bzw. um Marktanteile kämpfen.

In den letzten Jahren hat der TÜV allerdings Marktanteile zurückerobert, indem er Begutachtungsinstitute, die in Schieflage gerieten, aufgekauft hat. Diese Institute führt der TÜV Süd allerdings unter ihrem alten Namen. So hat der TÜV Süd die beiden vormals privaten Begutachtungsinstitute, die MPU-GmbH und die Pima, als Pima MPU GmbH zusammengeführt und ist nach einer aktuellen Übersicht des TÜV Süd vom 13. März 2013 Mehrheitsgesellschafter.

Eine Übersicht der Begutachtungsstellen findet sich im Anhang auf Seite 152. Daraus wird deutlich, dass trotz der Liberalisierung im Begutachtungsmarkt der TÜV nach wie vor eine marktbeherrschende Stellung einnimmt: Von den insgesamt 262 Begutachtungsstellen werden alleine 135 direkt durch den technischen Überwachungsverein (TÜV) betrieben, an 40 Begutachtungsstellen (PIMA MPU GmbH) ist der TÜV Süd als Mehrheitsgesellschafter beteiligt, und 28 Begutachtungsstellen der ABV wurden bis Mai 2010 durch die TÜV Rheinland Group betrieben.

Die Entscheidungsträger bei der ABV sind nach eigenen Angaben aber nach wie vor dieselben. Zitat aus dem Internetauftritt der ABV:

Angehörige des Institutes und seiner rechtlichen Nachfolger waren und sind bis heute maßgeblich an der Entwicklung der wissenschaftlichen Grundlagen und Kriterien für die Begutachtung der Fahreignung in Deutschland beteiligt.

Das Bundesministerium für Verkehr sah die Notwendigkeit, die beiden Märkte «Begutachtung» und «Vorbereitung auf die Begutachtung» strikt zu trennen. Der Auslöser dafür war die Feststellung, dass die Begutachtungsinstitute für ihre Kunden gleichzeitig auch individuelle Beratung für eine Fahreignungsbegutachtung anboten. Diese direkte Verflechtung zwischen der Begutachtungsvorbereitung und der Begutachtung darf es seither nicht mehr geben; trotz dieser Verschärfung bestehen offenkundig immer noch (in)direkte Verbindungen zwischen den Begutachtungsinstituten und den Anbietern von MPU-Vorbereitungskursen.

So bietet die Dekra laut ihrem aktuellen Internetauftritt nach wie vor auch individuelle Vorbereitungen auf eine MPU an.

Die Umsätze der Dienstleistungsanbieter für die MPU-Vorbereitung sind nur schwer zu beziffern, da die Kosten dafür nicht gesetzlich vorgegeben sind. Eine Beratungsstunde bei einem qualifizierten Verkehrspsychologen kostet ungefähr zwischen 80 und 120 Euro pro Stunde. Die großen Anbieter – wie zum Beispiel Nordkurs, Impuls, Süd Pluspunkt – bieten in der Regel Komplettpakete für die Vorbereitung an, die bei einer Drogenfragestellung ohne weiteres zwischen 1200 und 1800 Euro liegen können. Die Angebote für eine MPU-Vorbereitung reichen aber auch bis zu 6300 Euro, dann allerdings mit «Bestehensgarantie», was meist nichts anderes heißt, als dass man durch den Anbieter so lange betreut wird, bis man eine MPU bestanden hat.

Auswahl der Begutachtungsstelle

Ein Betroffener sollte sich immer darüber im Klaren sein, dass er als Kunde das Recht hat, sich seine Begutachtungsstelle selber auszuwählen. Er ist derjenige, der den Auftrag zur Begutachtung erteilt und auch die Kosten dafür tragen muss. Niemand kann ihn zu einer Auftragserteilung zwingen. Darüber hinaus kann der Betreffende einen erteilten Untersuchungsauftrag auch jederzeit zurückziehen. Daher ist jedem anzuraten, sich die Begutachtungsstelle mit Bedacht auszuwählen und nicht dem erstbesten Angebot oder Vorschlag der Behörde zu folgen.

Mit der Überprüfungsaufforderung seitens der Behörde wird in der Regel auch eine Übersicht der anerkannten Begutachtungsstellen an den Betroffenen übermittelt. Vielfach werden durch die Behörden allerdings nur «ausgesuchte» bzw. nicht vollständige Listen der zugelassenen Stellen kommuniziert; es ist sogar schon vorgekommen, dass eine Sachbearbeiterin der Führerscheinstelle einem Betroffenen explizit vorgeschrieben hat, dass er sich durch den TÜV Süd zu begutachten lassen habe. Dies ist allerdings rechtswidrig, da der Begutachtungsmarkt ein freier Markt ist und eine staatliche Behörde keine Werbung für ein Begutachtungsinstitut machen darf. Die Behörde darf also keine Begutachtungsstelle vorschreiben, der Kunde hat hier die freie Wahl.

Die Behörde entscheidet allerdings darüber, ob sie das Gutachten dann auch anerkennt. Somit hat letztlich einzig und allein der Sachbearbeiter der Führerscheinstelle die Macht zu entscheiden, ob jemand seine Fahrerlaubnis behalten darf oder wieder bekommt. Ein Gutachten ist grundsätzlich nur als **Entscheidungshilfe** für den einzelnen Sachbearbeiter zu verstehen. Folgende Tabelle gibt einen Überblick über die Gründe für die 2011 angeordneten Fahreignungsgutachten:

MPU-Statistik 2011		
Gesamt	**99 265**	**Prozent**
Körperlich geistige Mängel	882	1%
Alkohol	27 735	28%
Alkohol 2. MPU-Anordnung	16 300	16%
Alkohol und Verkehrsdelikte	7 561	8%
Drogen/Medikamente	20 142	20%
Verkehrsauffälligkeiten	17 564	16%
Sonstige	9 081	11%

Im Vergleich zum Vorjahreszeitraum ist die Gesamtzahl der angeordneten Fahreignungsgutachten laut Bundesanstalt für Straßenwesen zwar leicht rückläufig, die Anzahl der Begutachtungen aufgrund von Betäubungsmitteln ist entgegen des Gesamttrends leicht angestiegen.

Dies ist nach Auffassung der BASt in erster Linie auf den deutlichen Anstieg der Begutachtungen mit doppelter Fragestellung (Betäubungsmittel und Verkehrsdelikte) zurückzuführen. Im Vergleich zum Vorjahreszeitraum stieg die Anzahl der Begutachtungen mit dieser Fragestellung um satte 14 Prozent. Dies hat einerseits zur Folge, dass die Begutachtungsstellen mehr Geld verdienen, da jede weitere Fragestellung auch erhebliche Mehreinnahmen bedeutet, ohne dass ein hoher Mehraufwand entsteht. Andererseits steigt mit jeder weiteren Fragestellung die Durchfallquote, die dann wiederum zu einem erneuten Begutachtungsauftrag führt.

Für den Bereich der illegalen Substanzen präsentierten sich die **MPU-Durchfallquoten im Jahr 2011** wie folgt:

› **Nur Drogenfragestellung** («Liegt Betäubungsmittelkonsum vor, und ist zu erwarten, dass erneut unter Drogeneinfluss gefahren wird?»): Von den fast 15 500 «Kunden» im Jahre 2011 erhielten 60,7 Prozent ein positives Gutachten, 8,1 Prozent ein positives Gutachten mit Kursauflagen und 31,1 Prozent fielen durch.

- **Zusätzliche Fragestellung** («Ist zu erwarten, dass der Betreffende erneut, wiederholt oder im erheblichen Maße gegen Verkehrsvorschriften verstoßen wird?») Bei den circa 2500 Kunden sah die Durchfallquote wie folgt aus: Nur noch 55 Prozent konnten die MPU ohne weitere Kursauflagen bestehen, 3,5 Prozent mit Kursauflagen und fast 41 Prozent fielen durch.
- Bei den circa 2200 Kunden, bei denen neben einem Betäubungsmittelkonsum auch noch zeitgleich ein Alkoholkonsum nachgewiesen werden konnte oder eingeräumt wurde, auch unabhängig von einer Verkehrsteilnahme, lag die Quote wie folgt: 52 Prozent bestanden, 5,7 Prozent nur mit Kursauflage und 42 Prozent fielen durch.

Der Anteil der Begutachtungen mit Drogenfragestellung ist in den letzten Jahren kontinuierlich angestiegen. 2006 lag der Anteil der Begutachtungen mit Drogenfragestellung noch bei 18 Prozent und stieg bis 2011 auf 20 Prozent.

Vor der MPU

Wer völlig unvorbereitet in eine MPU geht, muss damit rechnen, dass er gnadenlos durchfällt. Anders als bei der Alkoholfragestellung wird bei der Drogenfragestellung grundsätzlich ein **forensisch gesicherter Abstinenznachweis** gefordert. Zum anderen wird bei Alkohol nicht grundsätzlich von einer Substanzproblematik/-abhängigkeit ausgegangen; bei illegalen Substanzen, zu denen nach wie vor auch Cannabis zählt, wird in der Begutachtungspraxis grundsätzlich von einem Drogenproblem ausgegangen. Wieso die Substanzen unterschiedlich bewertet werden, kann man dem Kommentar zu den Begutachtungsleitlinien entnehmen. Hier stellen die Autoren zwar fest, dass die Verfahrensweise bei Verdacht auf eine Drogenproblematik viel schärfer gehandhabt wird als bei Alkohol. Hierzu führen sie dann aber aus:

> ***Unterschiede zum Alkoholmissbrauch***
> *Dass der Konsum von Betäubungsmitteln für die Beurteilung der Fahreignung anders zu bewerten ist als der Alkoholkonsum, ist im wesentlichen auf folgende Gründe zurückzuführen:*

> ***a. Die Gefährlichkeit der Substanzen***
> *[...] In den Anlagen I–III des BTMG sind Stoffe und Zubereitungen erfasst, deren besondere Behandlung von der Bundesregierung nach Anhörung von Sachverständigen für erforderlich gehalten wird. Dies betrifft nach Paragraph eins Abs. 2 BTMG vorrangig Stoffe, die wegen der Wirkungsweise «vor allem im Hinblick auf das Hervorrufen einer Abhängigkeit», «wegen des Ausmaßes der missbräuchlichen Verwendung» oder wegen ihrer Toxizität, also «wegen der unmittelbaren oder mittelbaren Gefährdung der Gesundheit» als gefährlich und schlecht kontrollierbar eingestuft werden. [...]*
>
> *Es ist mit einer höheren Wahrscheinlichkeit als bei Konsum von Alkohol zu erwarten, dass sich ein problematisches Konsummuster mit Verlust der Verhaltenskontrolle ausbildet, dass sich eine Abhängigkeit entwickelt oder dass es zu gesundheitsschädlichen bis lebensgefährlichen Fehldosierungen kommt.*

Also gehen die Verkehrspsychologen auch bei Cannabiskonsum in der Regel von einem Drogenproblem aus, da es sich ja schließlich um eine illegale Substanz handelt. Deshalb muss ein Cannabiskonsument zum Begutachtungstermin (MPU) grundsätzlich einen forensisch gesicherten Abstinenznachweis mitbringen. Welcher Zeitraum dafür ausreichend erscheint, hängt von der Konsumdiagnose des Gutachters ab, die er erst am Tag der eigentlichen Begutachtung stellen kann. Man muss also schon vorher genau wissen, wie der Gutachter den zurückliegenden Konsum bewerten wird.

Theoretisch sind bei Cannabiskonsum Abstinenzzeiträume zwischen null und zwölf Monaten erforderlich. Ohne Abstinenznachweis ist ein Bestehen der MPU trotz der theoretischen Möglichkeit in der Begutachtungspraxis undenkbar. In der Regel müssen bei Cannabis mindestens sechs Monate Abstinenz nachgewiesen werden. Oftmals werden in der Begutachtungspraxis bei einem regelmäßigen Cannabiskonsum allerdings schon zwölf Monate Abstinenz erwartet.

Das forensisch gesicherte Abstinenznachweis-Verfahren

Seine Abstinenz kann ein Cannabiskonsument mit zwei unterschiedlichen Verfahrensweisen dokumentieren: entweder mit forensisch gesicherten Urinscreenings oder über eine Haaranalyse. In beiden Fällen müssen jedoch die entsprechenden Kriterien für die chemisch-toxikologischen Untersuchungen erfüllt sein (CTU Kriterien / 1-3)

Urinscreenings

Bei den Urinscreenings handelt es sich um ein Drogenkontrollprogramm, das ausschließlich das Konsumverhalten in der Zukunft kontrolliert. Diese Kontrollprogramme werden in der Regel durch alle zugelassenen Begutachtungsstellen und vereinzelt auch direkt über zugelassene und zertifizierte Labore angeboten. Zu diesem Zweck schließt man mit der entsprechenden Stelle einen Vertrag ab, in dem festgelegt wird, dass der Kunde über einen Zeitraum von sechs oder zwölf Monaten unregelmäßig zu Urinscreenings eingeladen wird. Die Institute, die diese Programme anbieten, müssen die entsprechenden Kriterien erfüllen.

- Unter **Kriterium CTU 1** wird u.a. vorgegeben, dass der Kunde bei einem sechsmonatigen Kontrollprogramm 4-mal für ihn unvorhergesehen zur Urinabgabe einzubestellen ist. Bei einem zwölfmonatigen Kontrollprogramm ist der Kunde 6-mal einzubestellen.
- Unter **Kriterium CTU 2** wird unter anderem vorgegeben, dass die Urinabgabe unter Sicht zu erfolgen hat, das heißt, dass der Arzt oder andere Mitarbeiter des Instituts dem Kunden beim Wasserlassen zusehen. Die Institute müssen den Urin auch auf mögliche Manipulationen hin prüfen (Temperatur, pH-Wert, Dichte des Urins). Ferner müssen sie auch sicherstellen können, dass das Probenmaterial nicht unbeaufsichtigt bleibt und schnellstmöglich in die dafür vorbereiteten Versandbehälter verbracht wird.
- Unter **Kriterium CTU 3** wird vorgegeben, dass die Proben (Urin/Haar) ausschließlich durch ein nach DIN ISO 17025 zertifiziertes Labor erfolgen darf. Dieses Labor muss die in den CTU3-Kriterien vorgegebene Bandbreite der zu testenden Stoffe und deren spezifische Cut-off-Werte bei ihren Analysen einhalten. Neben THC wird bei den Urinscreenings grundsätzlich auf folgende Substanzen getestet: THC/Morphin, Cocain (Benzoylecgonin), Amphetamine, Methadon, Benzodiazepine.

Im Urin sind die Cut-Off-Werte wie folgt: THC 10 ng/ml, Opiate 25 ng/ml, Cocain 30 ng/ml, für Amphetamine Methadon und Benzodiazepine liegt der Cut-Off-Wert bei 50 ng/ml Urin.

Die Kosten für die Urinscreenings sind jeweils am Einbestellungstag in bar zu begleichen und liegen in der Regel bei rund 100 Euro. Einige Institute bieten das Screeningprogramm auch etwas kostengünstiger als Pauschalangebot an.

Der Nachteil hier ist allerdings der, dass bei einem positiven Screening (Substanznachweis) der Vertrag platzt und das Geld in der Regel verloren ist. Wird hingegen jedes einzelne Screening am Tag der Einbestellung bezahlt, platzt zwar auch der Vertrag, aber die finanziellen Verluste sind überschaubar. Wenn ein Screeningvertrag wegen einer positiven Probe geplatzt ist, kann man aber jederzeit einen neuen Vertrag abschließen.

Die Haaranalyse

Alternativ zu den Urinscreenings kann man seine Abstinenz auch mittels Haaranalyse belegen. Im Vergleich zum Urinscreening ist hierfür nur ein Termin zur Haarentnahme notwendig. Interessant ist eine Haaranalyse insbesondere dann, wenn zum Zeitpunkt der Überprüfungsmaßnahme schon einige Wochen bzw. Monate kein Cannabis und andere Drogen mehr konsumiert wurden. Voraussetzung dafür ist allerdings, dass das Haupthaar über eine gewisse Länge verfügt. Von der Kopfhaut an gerechnet steht dabei jeder Zentimeter Haar für einen Zeitraum von einem Monat. Hat man also zum Beispiel die letzten sechs bis sieben Monate, kein Cannabis oder andere Drogen konsumiert und zu diesem Zeitpunkt mindestens 6 Zentimeter Kopfhaar, könnte man seine Abstinenz mit einer Haaranalyse rückwirkend dokumentieren.

Die Kosten für eine Haaranalyse liegen im Schnitt bei ca. 200 Euro. Anders als bei den Urinscreenings wird im Haar der Wirkstoff (THC) bestimmt und nicht auf das langlebige Abbauprodukt THC-Carbonsäure getestet. Die Nachweisgrenze für THC im Haar wurde in den letzten Jahren allerdings von 0,1 ng/mg auf 0,02 ng/mg herabgesetzt. Dadurch ist der Nachweis einer Cannabis-Abstinenz erheblich erschwert worden.

Da der Kunde die notwendigen Nachweise eigenverantwortlich erbringen muss, hat er auch die Wahl, welches Verfahren er für die Abstinenznachweise wählt. Grundsätzlich ist es allerdings ratsam, dass man das Screening von der eigentlichen Begutachtungsstelle entkoppelt: Das heißt, aus strategischen Gründen ist es sinnvoller, das Screening (Urin/Haar) bei einem anderen Institut in Auftrag zu geben als bei demjenigen, das die Begutachtung durchführt. Grund dafür ist, dass auch die forensische Drogenanalytik nicht fehlerfrei ist, mögliche Fehler aber grundsätzlich zulasten der Betroffenen gehen. Gerade vor dem Hintergrund, dass die Nachweisgrenzen immer weiter herabgesetzt worden sind und dadurch auch die Messunsicherheiten enorm ansteigen, sind

Vorteile / Nachteile Urinscreening / Haaranalyse		
Nachweisverfahren	**Vorteile**	**Nachteile**
Urinscreening		› Unvorhergesehene Einbestellung. › Erreichbarkeit muss über den Zeitraum ständig gegeben sein. › Der Kunde darf nicht länger als 6 Wochen insgesamt bzw. am Stück nicht erreichbar sein. Kunde muss sich bei dem Institut abmelden, wenn er z.B. aus beruflichen oder private Gründen nicht erreichbar ist. › Pinkeln unter Sichtkontrolle › Kosten (400–600 Euro)
Haaranalyse	› Kosten (einmalig ca. 200 Euro) › einmaliger Termin, zurückliegender Abstinenzzeitraum kann mitgenutzt werden. Selbst bei 12monatigem Abstinenznachweis ist derzeit nur eine Haaranalyse (12 cm) erforderlich.	› Altlasten › Telegenes Haar; Kopfhaar, das die Wachstumsphase schon abgeschlossen hat, aber noch nicht ausgefallen ist (ca. 10–20 Prozent) › Substanz kann auch von außen ins Haar getragen werden (Passivkonsum)

Fehlmessungen grundsätzlich nicht ausgeschlossen. Dazu folgendes Beispiel:

> *Ein Kunde schließt mit Begutachtungsinstitut A im Vorfeld einer MPU ein Screeningvertrag ab. Für den Kunden nicht nachvollziehbar erfolgt bei der ersten Probe noch ein Nachweis. Der Vertrag platzt, und er schließt unmittelbar einen neuen Screeningvertrag ab. Selbst wenn der neue Screeningvertrag dann ohne Befund abgeschlossen werden kann, ist dem Institut danach bekannt, dass bei einem vorherigen Screening noch ein Nachweis erfolgte. Dies wiederum könnte zu Schwierigkeiten bei der Begutachtung führen, da nicht ausgeschlossen ist, dass der Verkehrspsychologe den Kunden darauf anspricht und ihn fragt, wie er sich erklären kann, dass noch etwas nachgewiesen wurde, obwohl er angeblich schon länger keine Drogen mehr konsumiert hat.*

Noch fataler wirkt sich die Angelegenheit aus, wenn der Kunde erst bei der Begutachtung selber eine Haarentnahme zum Nachweis seiner Abstinenz durchführen lässt. Erfolgt dann bei der Analyse noch ein Nachweis, hat er nicht nur das Geld für die Haaranalyse, sondern auch die Kosten für die MPU versenkt. Das kann dann eine Summe von bis zu 1000 Euro sein. Gibt man in solch einem Fall die Haaranalyse im Vorfeld der Begutachtung extern in Auftrag und es erfolgt noch ein Nachweis, ist nur das Geld für die Haaranalyse ausgegeben und man kann den Begutachtungstermin verschieben oder absagen.

Die forensisch akkreditierten und zugelassenen Labore geben zwar vor, in diesen Bereichen – hier geht es um den Nachweis von milliardstel Gramm einer Substanz – sicher messen zu können, andererseits ist den Toxikologen auch klar, dass man mit an Sicherheit grenzender Wahrscheinlichkeit unterschiedliche Messergebnisse erhalten wird, wenn man die Probe zur Analyse an unterschiedliche Labore schickt.

Dass es in der forensischen Toxikologie nicht nur im Milliardstel-Gramm-Bereich zu Messunsicherheiten kommt, sondern dass sogar im Zentimeterbereich Fehlmessungen erfolgen, konnte ich selbst schon mehrfach feststellen. So ist es schon vorgekommen, dass bei Kunden, die eine Haaranalyse in Auftrag gaben, die Entnahmestelle laut vorliegendem Protokoll 12 Zentimeter Haar entnommen hatte, diese dann vorschriftsmäßig an das Labor übersandte und das Labor bei Probeneingang dokumentierte, dass eine Haarprobe in der Länge von 13 Zentimetern eingegangen wäre. Somit muss das Haar, wohlgemerkt im abgeschnittenen Zustand, auf dem Postweg einen Zentimeter gewachsen sein.

Auf kritische Nachfrage beim zertifizierten Labor wurde mir vom Institutsleiter auf telefonische Anfrage hin mitgeteilt, dass die Mitarbeiter in der Entnahmestelle dann wohl falsch gemessen hätten – wohlgemerkt im Zentimeterbereich! Dass dies kein Einzelfall war, stellte sich einige Zeit später heraus, nachdem erneut das Haar von einem anderen Kunden auf dem Postweg offensichtlich um einen Zentimeter gewachsen war.

Wichtig zu wissen: Die Abstinenznachweise sind nur über einen gewissen Zeitraum für die MPU verwertbar. Abstinenznachweise auf der Basis eines Urinscreening-Vertrags können durch die MPU-Gutachter **maximal acht Wochen nach Beendigung des Vertragszeitraumes** verwertet werden.

Bei Haaranalysen dürfen zwischen dem Tag der Haarentnahme (Auftragsvergabe) und der Begutachtung ebenfalls nicht mehr als acht Wochen liegen. Die Acht-Wochen-Frist für die Verwertbarkeit von Abstinenznachweisen scheint sich zwar ein wenig zu lockern, dennoch sollte man die Frist nach Möglichkeit einhalten. Im Zweifelsfall muss man die Verwertbarkeit der Abstinenznachweise mit der Begutachtungsstelle seiner Wahl im Vorfeld klären. Sollte die Begutachtungsstelle auf der Acht-Wochen-Frist bestehen, hat man als Kunde immer noch die Möglichkeit, den Begutachtungsauftrag an ein anderes Institut zu vergeben.

Die medizinisch-psychologische Untersuchung (MPU)

Die medizinisch-psychologische Untersuchung, kurz MPU, erstreckt sich auf drei Bereiche – eine ärztliche Untersuchung, eine psychologische Untersuchung und einen Leistungstest. In welcher Abfolge die einzelnen Untersuchungen bzw. Leistungstests am Tag der Begutachtung erfolgen, ist nicht vorhersehbar. Dies ist in der Regel abhängig davon, wie viele Kunden an dem Tag einen Termin haben. In der Regel begutachtet das Institut gleich mehrere Kunden an einem Tag, so dass die konkreten Abläufe sehr unterschiedlich sein können. Das Prozedere zieht sich in der Regel über 4 bis 5 Stunden hin.

MPU Teil 1: Verkehrsmedizin

Im medizinischen Teil wird auf verkehrsrechtlich relevante Erkrankungen sowie auf einen Drogenmissbrauch bzw. -abhängigkeit geprüft. Hierzu führt der Arzt ein Gespräch über die medizinische Vorgeschichte – wie zum Beispiel Krankheiten, aktuelle ärztliche Behandlungen, Medikamenteneinnahme etc. – und führt eine körperliche Untersuchung durch. Neben der Erfassung von Körpergröße und Gewicht sowie zum Teil Blutdruck-/Pulsmessung werden der Bewegungsapparat und die Sehfähigkeit durch den Arzt überprüft. Es kann auch vorkommen, dass der Arzt den Körper auf Einstichstellen hin untersucht.

Obligatorisch bei der Drogenfragestellung ist zudem ein Drogenscreening in Form einer Urin- bzw. Blutentnahme, ebenfalls durch den Verkehrsmediziner. Das durchgeführte Screening muss nach den vorgegebenen Kriterien, die auch für die Abstinenznachweise vorgeschrieben sind, erfolgen. Ausgenommen hiervon ist allerdings das Kriterium, dass ein Urinscreening grundsätzlich unvorhergesehen zu erfolgen hat. Im weiteren wird der Arzt den Kunden, auch wenn nur die Drogenfragestellung zu klären ist, zu seinem Alkoholkonsum befragen, insbesondere auch dahingehend, inwieweit sich der Konsum von Alkohol nach Beendigung eines Cannabiskonsums verändert hat.

Die **ärztliche Untersuchung** dauert in der Regel nicht länger als 15–20 Minuten. Auch der Verkehrsmediziner wird in seinem Gespräch mit dem Kunden

den Konsum von Suchtmitteln abfragen. Hierbei sollte man darauf achten, dass man dem Arzt nichts anderes erzählt als vorher oder später dem Verkehrspsychologen. Werden widersprüchliche Angaben gemacht, ist eine negative Prognose so sicher wie das Amen in der Kirche, da bei widersprüchlichen Angaben im Zweifelsfall keine eindeutige Konsumdiagnose möglich ist und somit auch keine positive Prognose zum zukünftigen Verhalten erfolgen kann.

MPU Teil 2: Verkehrspsychologie

Einsicht in das frühere Fehlverhalten, die persönlichen Ursachen dafür, Konsequenzen für das aktuelle Verhalten und Vorsätze und Verhaltensweisen in der Zukunft, die eine erneute Verkehrsauffälligkeit zuverlässig verhindern: Darum geht es im **psychologischen Gespräch**. Dabei muss das zukünftig geplante Verhalten in der Regel seit mindestens sechs Monaten stabil gelebt werden. Das Gespräch muss für das Gutachten aufgezeichnet werden (dies erfolgt häufig am Computer). Untersuchungsstellen sollten dem Kunden die Möglichkeit bieten, die Aufzeichnungen gegenzulesen, um Missverständnisse zu vermeiden.

Bei einer Drogenfragestellung ist zu beachten, dass eine positive Begutachtung nur dann erfolgen kann, wenn zum Zeitpunkt der eigentlichen Begutachtung durch den Betreffenden ein ausreichender Zeitraum an Abstinenz nachgewiesen werden kann. Wie lang dieser sein muss bzw. müsste, stellt der Gutachter aber erst bei der Begutachtung selber fest. Nach den Begutachtungskriterien ist, abhängig von der gestellten Konsumdiagnose, ein Abstinenznachweis zwischen drei und zwölf Monaten erforderlich.

Bei einem reinen Cannabiskonsum reicht die mögliche Diagnose von «*fortgeschrittene Drogenproblematik*», über eine «*Drogengefährdung ohne Anzeichen einer fortgeschrittenen Drogenproblematik*» bis hin zu «*es liegt ausschließlich ein gelegentlicher Cannabiskonsum vor*». Unter die Diagnose «*Drogengefährdung*» fällt auch und explizit der regel- und gewohnheitsmäßige Cannabiskonsum:

> *Die Einstufung eines Drogenkonsums unter diese Hypothese setzt die Erfüllung der Kriterien (D3.1 und 3.2.) voraus. Für den Bereich des reinen Cannabiskonsums ist hier auch die in der Begutachtungsleitlinien zur Kraftfahreignung und die in der Anlage 4 FeV verwendete Kategorie des regelmäßigen Konsums einzuordnen.*

Im weiteren werden die Kriterien (D 3.1 und 3.2) wie folgt beschrieben, Zitat:

> *Der Klient konsumiert häufiger oder gewohnheitsmäßig ausschließlich Cannabis und/oder nur gelegentlich eine Droge mit einer höheren Suchtpotenz und Gefährlichkeit als Cannabis. Der Klient verfügt noch über die Kompetenz, auf negative Konsequenzen seines Drogenkonsums angemessen zu reagieren.*

Bei dieser Konsumdiagnose führen die Begutachtungskriterien aus, dass der Nachweis einer drogenfreien Zeit unter folgenden Bedingungen als ausreichend lang zu bewerten ist:

1. *Die Dauer des Drogenverzichts beträgt zum Begutachtungszeitpunkt nicht weniger als drei Monate.*
2. *Soweit der Drogenkonsum über einen langen Zeitraum stattgefunden hat (zum Beispiel über Jahre regelmäßiger Cannabiskonsum), ist erst durch einen längeren Abstinenzzeitraum (mindestens sechs Monate) eine günstige Voraussetzung für die Stabilität der Verhaltensänderung gegeben.*
3. *Der Drogenverzicht wird durch die Ergebnisse geeigneter toxikologischer Urin- oder Haaranalysen bestätigt.*
4. *Gab es in der Vergangenheit bereits Zeiten von längerem Drogenverzicht, nach denen es jedoch erneut zum Drogenkonsum gekommen ist, gibt es jetzt nachvollziehbare Gründe für eine höhere Stabilität (zum Beispiel längerer Abstinenzzeitraum, veränderte Bedingungen, andere Motivation).*
5. *Die Befundlage zeigt bei einem Inhaber der Fahrerlaubnis eine insgesamt so positive persönliche und soziale Entwicklung, dass eine günstige Prognose bekundet werden kann, obwohl der erforderliche Zeitraum der Abstinenz noch nicht vorliegt, und eine geeignete Auflage zur späteren Überprüfung der günstigen Prognose (vergleiche Anlage 15 FeV) zur Kontrolle des Drogenverzichts ausreichend erscheint.*

Selbst bei einem Cannabiskonsumenten, der täglich konsumiert hat, ist also nicht zwangsläufig von einer Drogenprolematik (Sucht/Abhängigkeit) auszugehen. Auch wenn keine Sucht- oder Abhängigkeitsproblematik bestanden hat, setzen die Verkehrspsychologen für eine positive Verhaltensprognose eine angemessene Problembewältigung voraus, die letztlich auf einen völligen und dauerhaften **Drogenverzicht** hinausläuft:

> *Der Klient hat sich (auf der Grundlage einer Einsicht in die Risiken eines fortgesetzten Drogenkonsums) entschieden, zukünftig auf jeden Drogenkonsum – auch unabhängig vom Führen eines Kraftfahrzeuges – zu verzichten und ist ausreichend motiviert, den Drogenverzicht dauerhaft beizubehalten.*

Eine positive Prognose kann also nur dann erfolgen, wenn man dem Verkehrspsychologen nachvollziehbar darstellen kann, dass man nie wieder illegale Drogen konsumieren wird. Nur zu behaupten, man würde keine Drogen mehr konsumieren, reicht in der Regel nicht aus. Der Gutachter versucht in dem Gespräch herauszufinden, welches die tatsächlichen Hintergründe dafür sind, dass in Zukunft auf jeglichen Drogenkonsum verzichtet wird.

Die **Abstinenzmotivation** – den Grund, wieso man kein Cannabis mehr konsumiert und auch in Zukunft nicht mehr konsumieren wird – sollte man besser nicht damit begründen, dass man seinen Führerschein dringend braucht. Die Verkehrspsychologen gehen davon aus, dass die Abstinenzmotivation (stabile Verhaltensänderung) spätestens dann ihr Ende findet, wenn der Kunde sein Ziel – die Wiedererteilung der Fahrerlaubnis – erreicht hat. Also muss man tragfähigere Gründe für einen dauerhaften Abstinenzwillen nennen können. Am einfachsten haben es diejenigen, die ein problematisches Konsummuster entwickelt haben oder negative Rauscherlebnisse hatten. Die Beurteilungskriterien führen dazu unter anderem folgende Beispiele an:

- *Der Klient hat mittlerweile (zum Beispiel im Zusammenhang mit behördlichen Maßnahmen) die mit seinem häufigen Cannabiskonsum verbundene Gewohnheitsbildung reflektiert und die daraus resultierenden Gefahren erkannt.*
- *Es findet sich keine Tendenz zur Verharmlosung des Drogenkonsums, etwa durch bagatellisierende Vergleiche mit Alkohol oder Verknüpfung mit einer idealisierenden Lebensauffassung oder Weltanschauung.*
- *Der Klient berichtet, eine negative Erfahrung im Rauschzustand sei für ihn Anlass gewesen, einen eigenen Drogenkonsum kritisch zu hinterfragen, die Risiken des Konsums zu erkennen und den Konsum schließlich einzustellen.*
- *Der Klient schildert anschaulich und nachvollziehbar den Zeitpunkt und die Gründe für seinen Entschluss, zukünftig auf jeden Drogenkonsum zu verzichten.*

- *Der Klient hat erkannt, dass es sich bei der konsumierten Droge um eine Substanz handelt, durch welche die Fahrtüchtigkeit im Rauschzustand erheblich beeinträchtigt wird.*
- *Der Klient hat erkannt, dass der Konsum von Drogen zu einem Rauschzustand führen kann, in dem eine ausreichende Verhaltenskontrolle – auch hinsichtlich der Entscheidung, ein Kraftfahrzeug zu führen – nicht mehr gegeben ist.*
- *Der Klient hat für sich erkannt, dass er bei fortgesetztem Drogenkonsum einen problematischen Rauschzustand und damit einen Verlust der Verhaltenskontrolle nicht hinreichend sicher vermeiden kann (zum Beispiel angesichts des für ihn nicht exakt bestimmbaren/erkennbaren Wirkstoffgehalts, der nur eingeschränkt kalkulierbaren Dosis-Wirkungs-Beziehung, des zeitlichen Verlaufs der Drogenwirkung, des Risikos unkontrollierbarer bzw. atypischer Rauschverläufe, der hohen Abhängigkeit der Wirkung von situativen Bedingungen und der psychischen Verfassung).*
- *Zuvor bestehende Fehleinschätzungen hinsichtlich des Wirkstoffprofils der Droge bzw. des mit einem Konsum verbundenen Risikos bestehen nicht mehr.*
- *Der Klient gibt an, vor dem Hintergrund seiner bisherigen Erfahrungen und seiner nun vorhandenen Kenntnisse negative Folgen körperlicher oder psychischer Art (zum Beispiel Apathie, nachlassende Interessen etc.) für den Fall zu erwarten bzw. zu befürchten, dass er seinen Drogenkonsum fortsetzt.*
- *Ein zukünftiger Drogenkonsum wird jetzt vom Klienten als unvereinbar mit seinen persönlichen Interessen und Zielen bzw. seinen Zukunftsperspektiven (Ausbildung, berufliche und private Zielsetzung) bewertet.*

In der Begutachtungspraxis wird – mitunter abhängig vom gewählten Begutachtungsinstitut – ein sechsmonatiger Abstinenznachweis in vielen Fällen als nicht ausreichend angesehen. Dies trifft insbesondere dann zu, wenn anhand sehr hoher THC-Carbonsäurewerte im Blut (über 150 ng/ml) ein regelmäßiger Konsum «belegt» wurde.

Problem ist, dass die Grenzziehung zwischen einer **Drogengefährdung (D3)** und einer **fortgeschrittenen Drogenproblematik (D2)** sehr schwierig ist, da es hierbei auch auf die möglichen Konsumhintergründe ankommt, die der Verkehrspsychologe in dem Gespräch mit dem Betroffenen in Erfahrung bringen will. Von einer fortgeschrittenen Drogenproblematik ist nach den gültigen Begutachtungskriterien grundsätzlich auszugehen, wenn folgendes zutrifft:

Das frühere Drogenkonsumverhalten des Klienten stellte ein fehlangepasstes Muster von Substanzgebrauch dar, das sich in wiederholten und deutlichen nachteiligen Konsequenzen manifestiert hat (Substanzmissbrauch nach DSM-IV).

Neben einer Missbrauchsdiagnose nach DSM-IV werden aber weitere Kriterien aufgezählt, die ebenfalls zu der Konsumdiagnose «Fortgeschrittene Drogenproblematik» führen, zum einen hinsichtlich der Konsummotivation:

Dem Drogenkonsum des Klienten lag wiederholt oder überdauernd eine problematische Motivation zugrunde und/oder es fehlte das grundsätzliche Bedürfnis zu einer angemessenen Verhaltens- und Wirkungskontrolle.

Hierzu führen die Autoren im weiteren aus:

- *Der Klient konsumierte Drogen mit der Absicht, emotionale Dauerbelastung (zum Beispiel Ängstlichkeit, Unzulänglichkeit Gefühle, Depressionen) zu verändern oder in ihrer Bedrohlichkeit zu reduzieren.*
- *Der Klient setzte bei persönlichen Belastungen (Frustrationen, Unterprivilegierung, Pubertätskonflikte) vorwiegend Drogenkonsum als Mittel zur Problembewältigung ein.*
- *Dem Drogenkonsum des Klienten lag überwiegend ein problematisches Konsummotiv (zum Beispiel weitgehende Realitätsflucht) zugrunde.*
- *Der Klient konsumierte wiederholt ihm unbekannte Drogen bzw. Wirkstoffmischungen.*
- *Der Klient wies beim Drogenkonsum eine ausgeprägte Experimentierfreude auf. Seinem Konsum lag keinerlei Vorsicht mit dem Bestreben zugrunde, die negativen Konsequenzen des Konsums gering zu halten.*
- *Der Klient berichtet über psychoseähnliche Inhalte seines Rauscherlebens. Er hat den Konsum derselben Droge dennoch fortgesetzt.*
- *Der Klient hat trotz Kenntnis einer bevorstehenden Kontrolle und deren Bedeutung für die Fahrerlaubnis noch kurz zuvor Drogen konsumiert (Nachweis im Blut oder Urin).*
- *Der Klient hat am Straßenverkehr teilgenommen, obwohl er für sich selber erkennbar unter Rauschmitteleinfluss stand.*

Im weiteren ist die Diagnose «Fortgeschrittene Drogenproblematik» auch dann zu stellen, wenn der Klient Mischkonsum betrieben hat: «Der Klient weist eine polyvalente Drogenproblematik auf oder er konsumierte (auch) als hoch suchtpotent bekannte Drogen oder Drogen, deren Wirkstoffverlauf, Wirkstoffkonzentration oder Konsumrisiko als unkontrollierbar eingestuft werden müssen.»

Hierzu führen die Begutachtungskriterien unter anderem aus:

- *Der Klient konsumiert(e) neben Cannabis auch regelmäßig Drogen, die eine höhere Suchtpotenz und Gefährlichkeit aufweisen, so dass die Konsummuster hinsichtlich der zu erwartenden Wirkung und Auswirkungen insgesamt als unkontrollierbar und besonders riskant eingestuft werden.*
- *Der Klient war sich der Problematik eines Mischkonsums für die Kontrollierbarkeit des Wirkungsverlaufs und der langfristigen Folgen des Konsums bewusst; dieses Bewusstsein hat aber zu keiner Verhaltensänderung geführt.*
- *Der Klient konsumierte als hoch suchtpotent bekannte Drogen (Heroin, Crack).*
- *Der Klient konsumierte wiederholt Drogen, deren Wirkstoffverlauf als höchst unkontrollierbar eingestuft werden muss (Crack, LSD, unbekannte Designerdrogen oder Mischprodukte).*
- *Der Klient konsumierte Drogen in einer Zubereitung oder Applikation, die auf Wirkungssteigerung ausgerichtet ist und damit eine Toleranzsteigerung erkennen lässt (z.B. Konsum von Haschischöl). Der Klient berichtet davon, dass er Drogen zur Wirkveränderung gemeinsam mit Alkohol konsumiert hat.*
- *Der Klient berichtet von einem problematischen Alkoholkonsum, der zusätzlich zum Drogenkonsum bestand, von ihm abgelöst wurde oder ihn ersetzen sollte.*
- *Der Klient hat bereits einmal mit einer hohen Blutalkoholkonzentration (höher als 1,1 Promille) am Straßenverkehr teilgenommen.*
- *Der Klient hat psychoaktive Medikamente (z.B. Antidepressiva, Antiepileptika) mit der Absicht konsumiert, die Wirkung anderer Drogen zu verstärken oder zu verändern.*

Kommt der Verkehrspsychologe zu dem Ergebnis, dass bei dem Kunden eine fortgeschrittene Drogenproblematik vorlag, muss der Kunde nicht nur einen Abstinenznachweis für 12 Monate vorlegen können, sondern auch die Kriterien für eine angemessene Problembewältigung erfüllen, um eine positive Verhaltensprognose zu erhalten. Laut Begutachtungskriterien ist dafür erforderlich: «[...] eine suchttherapeutische Maßnahme, eine Psychotherapie oder ein fachlicher Beratungsprozess haben die persönlichen Voraussetzungen für eine stabile Abstinenz geschaffen, die von bereits ausreichender Dauer und nachvollziehbar dokumentiert ist.»

Im Detail führen die Autoren aus:

- *Es finden sich in der Untersuchung keine Hinweise auf fortbestehenden Drogenkonsum.*
- *Der Klient hat eine spezifisch suchttherapeutische Maßnahme absolviert und kann dies durch eine entsprechende Bescheinigung belegen.*
- *Der Klient hat bei einer Drogenberatungsstelle oder innerhalb einer psychotherapeutischen Maßnahme die persönlichen Ursachen für seinen Drogenmissbrauch aufgearbeitet.*
- *Der Klient lebt in der Regel bereits seit einem Jahr nach Abschluss der durchgeführten Maßnahme drogenabstinent.*
- *Der Klient kann in der Regel einjährigen Drogenverzicht durch geeignete toxikologische Urin- oder Haaruntersuchungen belegen.*
- *Es liegt trotz fehlender therapeutischer Unterstützung bzw. fachlicher Beratung ein nachvollziehbarer und belegbarer Abstinenzzeitraum von mindestens einem Jahr vor.*
- *Falls der Klient weiterhin Alkohol konsumiert, finden sich keine Hinweise auf problematische Konsummuster, die sich ungünstig auf die Aufrechterhaltung der Drogenabstinenz auswirken können.*

Auf der Grundlage dieser Kriterien werden die «Kunden» dann beurteilt beziehungsweise eingeordnet.

Das Gespräch mit dem Verkehrspsychologen, die sogenannte **psychologische Exploration**, dauert in der Regel zwischen einer Dreiviertelstunde und anderthalb Stunden, je nach Umfang der Fragestellung. Dies ist der schwierigste Teil der Begutachtung, da die meisten negativen Gutachten auf die negative Beurteilung durch den Verkehrspsychologen zurückzuführen sind. Um die Eignungsfrage zu beantworten, wird der Verkehrspsychologe den Kunden zu seiner

Person, zu seinen Drogenkonsumgewohnheiten, seiner Abstinenzentscheidung, seiner Problemlösungsstrategien und anderen Themen befragen.

Überblick über die zentralen Fragen im Explorationsgespräch

Neben biografischen Daten – wie zum Beispiel die aktuelle persönliche Situation, Eltern, Geschwister, Kindheit, Schulbesuch, Ausbildung, Berufstätigkeit, Partnerschaft und soziale Beziehungen, Freizeitverhalten, Medikamenteneinnahme, Krankheiten und Unfälle – interessiert den Verkehrspsychologen insbesondere das zurückliegende Drogenkonsumverhalten seines Kunden. Hierzu werden häufig folgende Fragen gestellt:

- *Welche Drogen haben Sie konsumiert?*
- *Haben Sie noch andere Drogen konsumiert?*
- *Wann haben Sie mit welcher Droge angefangen bzw. aufgehört?*
- *Wie sind Sie erstmalig mit Drogen in Kontakt gekommen?*
- *Wie haben Sie die Wirkung erlebt?*
- *Hatten Sie schon einmal negative Rauscherlebnisse?*
- *Haben Sie Cannabis als Joint oder mit der Wasserpfeife geraucht?*
- *Hat sich der Konsum zwischenzeitlich gesteigert?*
- *Wie schätzen Sie selbst Ihren Drogenkonsum ein?*
- *War es Probierkonsum, Drogenmissbrauch oder eine Abhängigkeit?*
- *Wie viel haben Sie durchschnittlich konsumiert?*

Anhand dieser Fragen versucht der Psychologe erst einmal die Konsumhäufigkeit abzuklären. Im weiteren wird er versuchen, die Hintergründe für den geschilderten Drogenkonsum zu ermitteln, um dann auch eine Konsumdiagnose stellen zu können. Hierzu kommen dann oft Fragen wie:

- *Warum haben Sie Drogen konsumiert?*
- *Wieso hat sich der Konsum zwischenzeitlich verändert?*
- *Welche möglichen Lebensprobleme lagen dem Konsum zugrunde?*
- *Welche Vor und Nachteile hatte der Drogenkonsum für Sie?*
- *Zu welchem Zweck haben Sie Drogen genommen bzw. welche Funktion hatte das (Entspannung, Beruhigung, Verdrängung, Spaß haben, besseres Einschlafen etc.)?*

Im weiteren ist für den Verkehrspsychologen von zentraler Bedeutung, aus welchen Gründen der Kunde in Zukunft keinerlei Drogen mehr konsumieren wird, also dauerhaft abstinent leben will. Hierzu kommen meist Fragen wie:

- *Seit wann konsumieren Sie keine Drogen mehr?*
- *Aus welchen Gründen haben Sie sich zur Abstinenz entschlossen?*
- *Wieso kommt für Sie auch kein gelegentlicher Konsum von Cannabis in Betracht?*
- *Ist es Ihnen leicht oder schwer gefallen, auf Cannabis zu verzichten?*
- *Haben Sie professionelle Hilfe in Anspruch genommen, um den Drogenkonsum zu beenden?*
- *Wie haben Sie die Umstellung zur Abstinenz erlebt?*
- *Wie waren die Reaktionen auf Ihre Abstinenz in Ihrem unmittelbaren Umfeld?*
- *Was hat sich in Ihrem Leben verändert, seitdem Sie keine Drogen mehr nehmen?*
- *Wie beurteilen Sie Ihre persönliche Rückfallgefahr?*
- *Wann und wie kam es zu dieser Veränderung in Ihrem Leben?*

Lag der Begutachtung ein **Verkehrsverstoß** zugrunde, interessiert den Verkehrspsychologen zudem, wie es zu dieser Drogenfahrt gekommen ist. Hierzu werden oft folgende Fragen gestellt:

- *Was und wie viel haben Sie am Tag der Verkehrsauffälligkeit konsumiert?*
- *Was haben Sie die Tage zuvor konsumiert?*
- *Wie haben Sie sich bei Fahrtantritt gefühlt?*
- *Wie sind Sie in die Verkehrskontrolle gekommen?*
- *Wie weit sind Sie gefahren?*
- *Wie weit wollten Sie noch fahren?*
- *Sind Sie schon häufiger unter Drogeneinfluss gefahren?*

Bei diesem Fragenkomplex kommt es häufig zu «Widersprüchen», da z.B. die Angabe zum letztmaligen Konsum vor Fahrtantritt nicht mit den herrschenden wissenschaftlichen Erkenntnissen übereinstimmt.

Beispielsweise beschreibt der Kunde seinen damaligen Konsum als eher gelegentlich und gibt an, dass er 14 Stunden vor Fahrtantritt zuletzt Cannabis konsumiert hat. Bei der Verkehrskontrolle wurde aber noch ein THC-Wert von 1,5 ng/ml festgestellt. Dies führt bei den Gutachtern dann zu einem Widerspruch, da nach Möller (vgl. Toxikologie) der THC-Wert im Blutserum bei einem Gelegenheitskonsumenten nach spätestens 6 Stunden unter 1 ng/ml gefallen sein sollte.

Also gehen die Gutachter davon aus, dass der Kunde sie entweder bei den Angaben zu seinem generellen Konsumverhalten belogen hat oder bei der Frage, wann der letzte Joint vor Fahrantritt konsumiert wurde.

MPU Teil 3: Leistungsdiagnostik

Bei einem standardisierten *Reaktionstest am Computer* wird die körperliche Leistungsfähigkeit (Reaktionsfähigkeit, Konzentration und Aufmerksamkeit) getestet. Die Anzahl und Art der durchgeführten Tests (Wahrnehmungs- und Reaktionsleistung, Belastbarkeit, Aufmerksamkeit) variieren nach der jeweiligen Untersuchungsfragestellung. Entsprechen die Testergebnisse nicht den Anforderungen, kann eine Überprüfung der Kompensationsfähigkeit im praktischen Fahrverhalten (Fahrverhaltensbeobachtung) empfohlen werden.

Die psychomotorischen Leistungstests

Bei diesen computergesteuerten Testverfahren werden die Kunden an unterschiedlichen Testgeräten auf ihre psychomotorische Leistungsfähigkeit getestet. Diese Leistungstests untergliedern sich dabei in drei Bereiche.

1. Test zur Erfassung der visuellen Strukturierungsfähigkeit
   Fünf Bilder mit jedesmal neu ineinander verschlungenen Linien werden nacheinander dargeboten. Die Bilder sind in ansteigender Schwierigkeit angeordnet. Die Testperson hat mit den Augen den Verlauf jeder Linie von ihrem oberen Anfang bis zu ihrem unteren Ende zu verfolgen und den zu ermittelnden Endpunkt aus den neuen Alternativen auszuwählen. Es stehen 40 Sekunden Bearbeitungszeit zur Verfügung.

2. Test zur Messung der Aufmerksamkeitsleistung unter Monotonie
   Vier einfach strukturierte Zeichen werden für die Testdauer unverändert dargeboten. 20 Vergleichszeichen, die gegenüber der Vorlage nur in einem einzigen Detail verändert sind, und vier mit dem Modell identische Vergleichszeichen

sind in einer festgesetzten Abfolge zu einer Zeichenfolge von 112 Aufgaben aneinandergereiht. Durch Tastendruck ist anzugeben, ob das jeweilige Vergleichszeichen mit dem Modell identisch ist oder nicht. Unmittelbar im Anschluss an die Reaktion erscheint das nächste Vergleichszeichen. Die Bearbeitungszeit für die jede Vergleichsaufgabe ist frei wählbar. Die Testpersonen bestimmt damit selbst das Leistungstempo und die Leistungsmängel innerhalb der vorgegebenen Testzeit von 7 Minuten.

3. Test der reaktiven Stresstoleranz
   Der Test besteht aus drei Teilen, wobei in jedem Teil die gleiche Sequenz von 108 optischen und akustischen Signalen (fünf Farbsignale, zwei weiße Lichtsignale, zwei Töne) mit vorgegebener Frequenz dargeboten wird. Auf alle Signale ist durch möglichst schnelle Betätigung der jeweils zugehörigen Taste zu reagieren. Die Signalabfolge der drei Testteile ist unterschiedlich schnell, wobei der erste Teil als «Einübungsphase», der schnelle zweite Teil als «Belastungsphase» und der wieder etwas leichtere dritte Teil als «Erholungsphase» gilt.

Bei diesen Testverfahren ist zu berücksichtigen, dass sie so aufgebaut sind, dass ein völlig fehlerfreier Durchlauf unmöglich ist. Daher müssen die Betroffenen auch nur einen gewissen Prozentstrang erreichen. Für die Fahrzeugklasse bis 3,5 t (B) müssen mindestens 16 Prozent, für Fahrzeuge über 3,5 t (CD) 33 Prozent der Aufgaben richtig gelöst worden sein.

Nach der Begutachtung

Nach erfolgter Begutachtung benötigen die Institute dann in der Regel noch 14 Tage, um das Gutachten abschließend zu erstellen. In der Regel bekommt man am Tag der Begutachtung unter Vorbehalt der noch ausstehenden Ergebnisse des Screenings bereits eine Tendenz durch den Gutachter mitgeteilt. Das fertige Gutachten wird dann zugeschickt. Abhängig vom Ergebnis des Gutachtens kann das Gutachten dann der Führerscheinbehörde vorgelegt werden.

Kommen die Gutachter zu dem Ergebnis, dass nicht zu erwarten ist, dass der Kunde noch einmal unter Drogeneinfluss am Kraftverkehr teilnehmen wird und auch sonst nicht zu erwarten ist, dass der Kunde überhaupt noch einmal konsumiert, erhält man den Führerschein von der Behörde in der Regel zurück. Kommen die Gutachter allerdings zu dem Ergebnis, dass zu erwarten ist, dass der Kunde auch zukünftig ein Kraftfahrzeug unter dem Einfluss von Betäubungsmitteln führen wird, braucht man das Gutachten der Führerscheinstelle erst gar nicht einzureichen. Eine weitere Möglichkeit ist, dass die Gutachter zu dem Ergebnis kommen, dass noch nicht alle Zweifel ausgeräumt sind, diese Restzweifel aber durch einen **Kurs nach § 70 Fahrerlaubnisverordnung** zu beheben sind. Diese Kursempfehlung ist allerdings auch nur eine Empfehlung. Inwieweit die Führerscheinbehörde dieser Empfehlung folgt, liegt im alleinigen Ermessen der Behörde. In den Fällen sollte man dann mit der Führerscheinstelle abklären, inwieweit sie dieser **Kursempfehlung** folgt. Sollte die Behörde einer solchen Empfehlung im Einzelfall oder auch generell nicht folgen, bringt es auch nichts, das Gutachten mit dieser Empfehlung einzureichen.

Das Gutachten

Das Fahreignungsgutachten umfasst in der Regel zwischen 17 und 25 Seiten. Auf der ersten Seite werden meist der Anlass und die Fragestellung der Behörde wiedergegeben. Im Weiteren wird auch ein detaillierter Überblick über die Vorgeschichte präsentiert. Nach mehreren Seiten Textbausteinen über die Rechtslage bzw. die Beurteilungskriterien folgen die Untersuchungsbefunde im einzelnen: die Ergebnisse des Arztgespräches bzw. der Untersuchung, die Ergebnisse der durchgeführten psychomotorischen Leistungszeit und die Ergebnisse der psychologischen Exploration. Hier wird in der Regel ausführlich wiedergegeben, welche Fragen gestellt wurden und wie darauf geantwortet wurde. Diese Wiedergabe kann je nach Gesprächsumfang einige Seiten umfassen. Ferner wird dokumentiert, von wann bis wann die Untersuchung stattgefunden hat.

Im Weiteren wird dann die zusammenfassende Beurteilung geliefert. Hier werden noch einmal kurz die Ergebnisse der unterschiedlichen Untersuchungen zusammengefasst und abschließend gewürdigt. Ganz am Ende des Gutachtens werden dann die konkreten Fragen der Behörde beantwortet. Die **Beantwortung der Fragestellung** findet man daher auf der letzten Seite. Sollten die Gutachter für den Kunden zu einem negativen Ergebnis gekommen sein, werden meist Empfehlungen in das Gutachten geschrieben, die sich in der Regel aber auf den Hinweis beschränken, darauf zu achten, dass man weiterhin Abstinenznachweise sammelt und sich mit einer Drogenberatungsstelle oder Verkehrspsychologen in Verbindung setzt, um sich kritisch mit seiner Suchtproblematik ausauseinanderzusetzen.

11. Cannabis als Medizin und die Fahreignung

Das Thema medizinische Verwendung von Cannabis und Führerschein gewinnt immer mehr an Bedeutung. Die rechtlichen Rahmenbedingungen wurden dahingehend geändert, dass THC-haltige Medikamente mittlerweile bei entsprechender medizinischer Indikation verschrieben werden können.

Unabhängig von der medizinisch indizierten Darreichungsform (Dronabinol, Sativex oder Cannabisblüten) muss jeder Patient damit rechnen, dass seine generelle Eignung zum Führen von Kraftfahrzeugen angezweifelt oder gar ausgeschlossen wird und er somit seinen Führerschein verliert. Grund dafür ist, dass die Verwaltungsbehörden gehalten sind, nur Personen zur Teilnahme am Straßenverkehr zuzulassen, welche über die notwendige körperliche und geistige Leistungsfähigkeit verfügen. Neben einigen Krankheitsbildern, die die Fahreignung schon per se ausschließen, löst eine Dauerbehandlung mit Arzneimitteln grundsätzlich **Zweifel an der Fahreignung** aus und betrifft eine Vielzahl von Medikamenten. Der kleine, aber gravierende Unterschied bei Cannabis als Medikament besteht zum einen darin, dass die Polizei jeden Nachweis schon berufsbedingt und grundsätzlich mit einem «Drogenmissbrauch» im strafrechtlichen Sinne verbindet und dies der Fahrerlaubnisbehörde meldet.

Hingegen gibt es für Medikamente, die nicht zufällig unter das BtMG fallen, keinerlei Grenzwerte für eine Verkehrsteilnahme, so dass die Polizei Fahrten unter Medikamenteneinfluss nicht feststellt, solange keine Ausfallerscheinungen auftreten. Auch das Mitführen oder die Beschaffung von handelsüblichen Medikamenten über die Apotheken wird von der Polizei nicht als möglicher Indikator für Fahreignungszweifel gemäß § 2 Abs. 12 gewertet und auch nicht an die Behörde gemeldet, obwohl grundsätzlich jede Dauerbehandlung mit Arzneimitteln Fahreignungszweifel begründen kann. Die Polizei würde normalerweise auch nicht auf die Idee kommen, bei einer Person, die ein Medikament bestimmungsgemäß einnimmt, beim Apotheker und beim behandelnden Arzt Nachforschungen anzustellen, inwieweit die Medikamentenverschreibung auch ihre Richtigkeit hat. Bei THC- Patienten sieht das anders aus. Erst kürzlich hat sich folgender Fall zugetragen:

Bernd, schon seit längerem THC-Patient, besucht eine Veranstaltung in seiner Gegend, an der auch der Bundespräsident Gauck zugegen ist. Bernd will sich wenn möglich beim Bundespräsidenten dafür bedanken, dass er Frau X. das Bundesverdienstkreuz für ihre Verdienste um die Anerkennung von Cannabis für medizinische Zwecke verliehen hat. Darüber hinaus will er Gauck auffordern, sich dafür einzusetzen, dass die rechtlichen Rahmenbedingungen für THC-Patienten verbessert werden. Er kann sein Vorhaben umsetzen und mit Gauck sprechen.

Im Verlauf der Veranstaltung bekommt Bernd aber dann wieder enorme Schmerzen und raucht einen Joint – denn er ist einer der wenigen Patienten, die vom Bundesamt für Arzneimittel eine Sondergenehmigung für den Bezug von medizinischen Hanfblüten über seinen Apotheker hat. Irgendjemand informiert die Polizei, dass Bernd einen Joint geraucht hat.

Einige Tage später steht die Polizei vor seiner Tür und will in die Wohnung. Sie hält Bernd vor, dass er beim Drogenkonsum beobachtet worden sei. Bernd informiert den Beamten darüber, dass er Cannabis bestimmungsgemäß vom Arzt verschrieben bekommt und darüber hinaus auch eine Ausnahmegenehmigung für den Bezug von Cannabisblüten besitzt. Nachdem Bernd den Beamten eine Kopie seiner Ausnahmegenehmigung überreicht hat, ziehen sie wieder ab.

Im Anschluss wendet sich ein Polizeibeamter dann aber noch an den Apotheker und den Arzt von Bernd. Er kann es offensichtlich nicht fassen, dass jemand ganz legal Cannabis benutzt. Obwohl der Beamte Bernd nicht strafrechtlich belangen kann, macht er eine Meldung an die zuständige Führerscheinstelle, worauf ein Schreiben der Behörde bei Bernd landet. In diesem Anschreiben fordert die Behörde Bernd auf, seine Konsumhäufigkeit mitzuteilen, und fragt an, ob er nicht besser freiwillig auf seine Fahrerlaubnis verzichten wolle.

In der Praxis ist eine **Überprüfungsaufforderung** seitens der Führerscheinstellen wegen einer Dauerbehandlung mit Arzneimitteln eher unwahrscheinlich, da die Verschreibung eines Medikaments – auch zur Dauerbehandlung – unter die ärztliche Schweigepflicht fällt und der Arzt der Führerscheinstelle somit keine derartigen Informationen zukommen lässt.

Die zunehmenden Drogenkontrollen im Straßenverkehr führen aber dazu, dass vormals unerkannte THC-Patienten durch eine Verkehrskontrolle auffliegen. Ferner ist die Situation der Patienten hinsichtlich der sehr eingeschränkten Verschreibungs- bzw. Finanzierungsmöglichkeiten so schlecht, dass einige Patienten den Weg einer offiziellen Verschreibung scheuen, da ihnen die

Beschaffung ihres Arzneimittels über den illegalen Markt, bis hin zum ungenehmigten Eigenanbau, einfacher erscheint als der Weg durch die Genehmigungsinstanzen.

- Die Verschreibung eines THC-Medikaments (Sativex, Marinol, Dronabinol) ist oftmals nur über ein Privatrezept (BtM-Rezept) möglich. Konsequenz: Die Kosten, die in einer Höhe zwischen 400 und 1000 Euro pro Monat liegen können, werden von den Krankenkassen nur sehr selten übernommen. Eine Versorgung über den illegalen Markt ist daher in der Regel erheblich kostengünstiger.
- Das Genehmigungsverfahren über das Bundesinstitut für Arzneimittel und Medizinprodukte (BfArM) für den Bezug von Cannabisblüten/Cannabisextrakt über Apotheken ist sehr aufwändig, der Bezug von Cannabisblüten wird ebenfalls nur selten über die Krankenkassen finanziert und die Kosten liegen ebenfalls weit über den Preisen des Schwarzmarktes (6–10 Euro bzw. 15–18 Euro pro Gramm).

- Das Genehmigungsverfahren über das BfArM für den Eigenanbau ist extrem aufwändig und führt nur in Einzelfällen zum Erfolg. Bis vor einigen Jahren hat das BfArM solche Anträge pauschal abgelehnt, obwohl schon im Januar 2000 das Bundesverfassungsgericht in einem Beschluss vom 20. Januar (AZ2 BvR 2382-2389/99) darauf verwies: «Die medizinische Versorgung der Bevölkerung ist danach auch ein öffentlicher Zweck, der im Einzelfall die Erteilung einer Erlaubnis [...] rechtfertigen kann.»

Das Bundesverfassungsgericht hat damit nicht nur eine Verfassungsbeschwerde von acht Patienten zur Entscheidung angenommen, sondern auch klargestellt, dass die Kläger einen Antrag auf eine Ausnahmegenehmigung beim Bundesinstitut für Arzneimittel und Medizinprodukte stellen können. Diese Entscheidung wurde durch das Bundesinstitut für Arzneimittel und Medizinprodukte allerdings nicht im Sinne der Patienten ausgelegt, so dass die daraufhin erfolgten Anträge vom BfArM allesamt pauschal abgelehnt wurden.

Erst 2005 wurde durch das Bundesverwaltungsgericht klargestellt, dass die Anträge der Patienten nicht pauschal abgelehnt werden dürfen, sondern der Einzelfall zu prüfen ist. Auch das Argument, dass sich THC-Patienten ja grundsätzlich vom Arzt ein THC-Arzneimittel (z.B. Dronabinol) verschreiben lassen könnten, statt Cannabis anzubauen, wurde durch das Bundesverwaltungsgericht zurückgewiesen. Hierzu führen die Richter aus:

> *Der Verweis auf ein Arzneimittel, das weder ohne weiteres verfügbar noch für den normalen Bürger erschwinglich ist, stellt aber keine Alternative dar, die das öffentliche Interesse am Einsatz von Cannabis zur Krankheitsbekämpfung entfallen lässt.*

In dem Urteil heißt es weiter, dass gerade bei Cannabis die Erlaubnis zum Eigenanbau in Frage komme. Zitat:

> *Die Entscheidung, einem Patienten den Erwerb oder, was insbesondere bei Cannabis in Betracht kommt, etwa den Anbau zu gestatten, bleibt stets eine Einzelfallentscheidung. Sie muss die konkreten Gefahren des Betäubungsmitteleinsatzes, aber auch dessen möglichen Nutzen in Rechnung stellen. Dieser kann gerade bei schweren Erkrankungen, wie sie hier in Rede stehen, auch in einer Verbesserung des subjektiven Befindens liegen.*

Trotz dieser höchstrichterlichen Entscheidungen ist es wie erwähnt extrem aufwändig, eine Sondergenehmigung zum Anbau bzw. zum Bezug von Cannabisblüten und Cannabisextrakten zu beantragen. Dies führt letztendlich auch dazu, dass sich der überwiegende Teil derer, die Cannabis als Medizin verwenden, auf dem Schwarzmarkt versorgt und damit in den Fokus der Strafverfolgungsbehörden gerät.

Bußen und Strafen bei THC-Patienten

Eine **Ordnungswidrigkeit** gemäß § 24a StVG, die mit Punkten, Fahrverbot und Geldbuße geahndet wird liegt **nicht** vor, sofern Cannabis bestimmungsgemäß (sprich vom Arzt verordnet) eingenommen wird. Grundvoraussetzung für diesen «Ausnahmetatbestand» (§ 24a Abs. 2 StVG) ist allerdings, dass Cannabis auch tatsächlich bestimmungsgemäß eingenommen wird, was letztendlich bedeutet, dass man ein gültiges Rezept vom Arzt braucht. Wenn kein Rezept vorliegt, wird der THC-Patient automatisch wie ein «normaler» Kiffer behandelt – mit der Konsequenz, dass schon bei einem analytisch festgestellten THC-Wert von 1 ng/ml der Ordnungswidrigkeitstatbestand gemäß § 24a StVG erfüllt ist.

Dagegen kann ein Betroffener zwar klagen, um im Nachhinein zu belegen, dass er die Substanz trotz fehlender ärztlicher Verordnung ausschließlich zur medizinischen Verwendung verwendet hat. Die Erfolgsaussichten einer solchen Klage sind zur Zeit aber gering: Oft wird schon unmittelbar nach dem Blutergebnis die verwaltungsrechtliche Lawine losgetreten, da der Tatbestand einer vermeintlichen Ordnungswidrigkeit nicht erst rechtskräftig bewiesen sein muss, bevor die Verwaltungsbehörde eigene Maßnahmen einleiten kann.

Ein **Straftatbestand**, absolute Fahruntauglichkeit oder Straßenverkehrsgefährdung, kommt bei THC-Patienten nur dann in Betracht, wenn objektiv Ausfallerscheinungen vorlagen oder wenn es zu einem Unfall kommt. Gerade bei einem Unfallgeschehen wird es selbst für THC-Patienten schwierig, da jeder Nachweis eines Betäubungs- oder Arzneimittels – sofern darauf getestet wird – in der Regel unabhängig von der festgestellten Konzentration als ursächlicher Faktor für das Unfallgeschehen gewertet wird. Da in einem Strafverfahren allerdings auch die «Eignungsfrage» aus strafrechtlicher Sicht (charakterliche Ungeeignetheit, Entzug der Fahrerlaubnis gemäß Paragraph 69 StGB) bewertet wird, darf die Verwaltungsbehörde, anders als bei einer vermeintlichen Ordnungswidrigkeit, erst nach rechtskräftigem Urteil eigene Maßnahmen anordnen.

Wie sich das Zusammenspiel zwischen Strafverfolgungsbehörden, Verwaltungsbehörden und Begutachtungstellen für einen THC-Patienten auswirken kann, zeigt das folgende Fallbeispiel:

Der Fall Manfred. Manfred, Mitte 50, war früher heroinabhängig. Durch ein Substitutionsprogramm mit Methadon ist er vom Heroin weggekommen. Methadon ist zwar auch ein Betäubungsmittel mit enormem Abhängigkeitspotenzial; anders als Heroin verursacht Methadon aber keine Rauschwirkung, sondern soll lediglich mögliche Entzugssymptomatiken mildern, um so einen Rückfall zu verhindern. Manfred ist damit endlich weg vom kriminellen Milieu und kann sein Leben in stabile Bahnen lenken. Als zu seiner Opiatabhängigkeit eine MS-Erkrankung hinzukommt, wird dadurch sein Muskel- und Bewegungungsapparat stark eingeschränkt. Da Manfred Cannabiserfahrung hat, weiß er, dass Cannabis dieses Leiden lindern kann, raucht regelmäßig Cannabis und bekommt seine MS-Probleme damit halbwegs in den Griff.

Manfred ist ein begeisterter Motorradfahrer. Doch dann kommt der Tag, an dem Manfred in einen Verkehrsunfall verwickelt wird. Von hinten wird er durch einen PKW gerammt, dabei schwer verletzt und ist ohne Bewusstsein. Im Zuge der Rettungsmaßnahmen wird Manfred auch eine Blutprobe entnommen. Da die Ermittlungsbehörden in der Blutprobe neben THC auch Opiate (Methadon) feststellen, wird der Führerschein umgehend sichergestellt und nach § 111 StPo vorläufig beschlagnahmt, da in dem anstehenden Strafverfahren zu erwarten ist, dass Manfred der Führerschein gem. § 69 StGB entzogen werden wird. Tatsächlich wird Manfred neben einer Geldstrafe der Führerschein durch das Strafgericht entzogen. Darüber hinaus wird eine Sperrfrist von 12 Monaten verhängt, vor deren Ablauf keine neue Fahrerlaubnis ausgestellt werden darf.

Da Manfred durch seine MS nach wie vor in seinen Bewegungen eingeschränkt ist – er kann sich ohne Fahrzeug nicht weit weg bewegen – ist es ihm enorm wichtig, seine Fahrerlaubnis wieder zu erlangen. Er will nicht lebendig an sein Zuhause gefesselt sein. Also nimmt Manfred als erstes den nicht einfachen Weg in Angriff, sich ein legales THC-Medikament für seine MS verschreiben zu lassen. Dies gelingt, und nach einiger Zeit bekommt er Dronabinol verschrieben.

Gut vorbereitet. *Nach dem Strafurteil und dem Ablauf der Sperrfrist macht sich Manfred nun daran, seine Fahrerlaubnis neu zu beantragen. Ihm ist klar, dass dies nicht einfach werden wird. Im Zuge eines Wiedererteilungsverfahrens muss er in jedem Fall ein positives Fahreignungsgutachten (MPU) einreichen. Nachdem er die Fahrerlaubnis bei seiner Fahrerlaubnisbehörde neu beantragt hat, teilt ihm die Behörde mit, welche Fragen durch den Gutachter zu klären sind. Neben der Verwendung von Dronabinol (Dauerbehandlung mit Arzneimitteln) sind auch die Substitutionsbehandlung mit Methadon und seine MS-Erkrankung Bestandteile der behördlichen Fragestellung. Da gerade bei Substituierten die Hürden in der Fahreignungsbegutachtung besonders hoch sind, hat Manfred sich durch einen ehemaligen Obergutachter intensiv auf seine Begutachtung vorbereiten lassen. Da der Obergutachter früher beim TÜV als Gutachter gearbeitet hat, entschließt sich Manfred, den TÜV mit der Begutachtung zu beauftragen. Da er sich durch den Experten gut vorbereitet fühlt, vereinbart Manfred dann einen MPU-Termin beim TÜV.*

Abstinenznachweise braucht Manfred nicht zu erbringen. Er ist zuversichtlich, die MPU mit einem positiven Ergebnis abschließen zu können. Er hat sich intensiv darauf vorbereitet, die Gutachter davon zu überzeugen, dass er trotz der Methadonsubstitution in einem so stabilen sozialem Umfeld lebt, dass ein Rückfall bzw. ein Beigebrauch von anderen illegalen Substanzen ausgeschlossen erscheint. Manfred fühlt sich am Tage der Begutachtung recht gut und stellt sich offen allen Fragen der Gutachterin. Insgesamt hat er den Eindruck, dass er die Gutachterin davon überzeugt hat, trotz seiner aktenkundigen Auffälligkeiten und Erkrankungen noch über die notwendige körperliche und geistige Leistungsfähigkeit zu verfügen, die zur Teilnahme am Straßenverkehr notwendig sind.

NEGATIVES ERGEBNIS. Es dauert dann noch drei Wochen, bis das Gutachten, das fast 1000 Euro gekostet hat, endlich bei Manfred ankommt. Die erste behördliche Frage, inwieweit die Methadonsubstitution bei Manfred die Fahreignung einschränkt oder sogar ausschließt, wird durch die Gutachterin für Manfred positiv beantwortet. Auch die Frage hinsichtlich seiner MS-Erkrankung wird insofern positiv beantwortet, als das Gutachten feststellt, dass die bestimmungsgemäße Einnahme von Dronabinol die negativen Auswirkungen einer MS auf den Bewegungsapparat entgegenwirkt.

Insgesamt aber wird Manfred aber negativ begutachtet, mit der Begründung, dass er durch die Einnahme eines THC-haltigen Medikaments permanent gegen § 24a StVG verstößt. Alleine aus diesem Grund, so die Auffassung der TÜV-Gutachterin, ist Manfred grundsätzlich nicht geeignet, ein Fahrzeug zu führen. Dass der § 24a StVG im Abs. 2 hierfür einen Ausnahmetatbestand vorsieht und demnach bei einer bestimmungsgemäßen Einnahme eben gerade keine Ordnungswidrigkeit gegeben ist, ist der Gutachterin offensichtlich egal.

Selbst die Bundesanstalt für Straßenwesen, als Akkreditierungsbehörde der Begutachtungsstellen, sah sich zu einer Stellungnahme zu der Frage außerstande, wie es sein kann, dass eine TÜV-Gutachterin auf Grundlage einer falsch dargestellten Rechtslage negative Gutachten ausfertigt. Ein weiterer Fall:

DER FALL HEIKO. Aufgrund chronischer Schmerzen konsumiert Heiko regelmäßig Cannabis und baut dafür auch selbst einiges an. 2008 bekommt er Besuch von der Polizei und eine Strafanzeige. Noch bevor es zur Gerichtsverhandlung kommt, läßt er sich von einem Arzt das Schmerzmimttel seiner Wahl verschreiben und bezieht nun auf Rezept Dronabinol. Da das bei ihm beschlagnahmte Cannabis über eine geringe Menge hinausgeht, droht ihm eine Haftstrafe von einem Jahr. Doch mit Hilfe eines Anwalts – und mit dem Hinweis, dass er sich um legale medizinische Alternativen bemüht hat und deshalb nie mehr Cannabis anbauen wird – kann er das Gericht überzeugen, die Strafe auf Bewährung auszusetzen.

Nachdem das Urteil rechtskräftig geworden ist, bekommt Heiko Post von seiner Fahrerlaubnisbehörde. In diesem Schreiben wird ihm mitgeteilt, dass aufgrund der nunmehr vorliegenden Informationen erhebliche Zweifel an seiner Fahreignung bestehen. Irritiert nimmt Heiko die vom Sachbearbeiter vorgegebene Fragestellung zur Kenntnis, die mit dem MPU-Gutachten geklärt werden soll. Diese scheint in keiner Weise zu berücksichtigen, dass er ein legales Medikament einnimmt und deshalb den für eine MPU erforderlichen Abstinenznachweis gar nicht erbringen kann.

Mit der Unterstützung eines Experten, der ihm von der Arbeitsgemeinschaft Cannabis als Medizin (ACM/IACM) empfohlen worden ist, macht sich Heiko daran, den Sachbearbeiter auf seinen Fehler hinzuweisen. Er führte in seinem Schreiben an die Behörde aus, dass er die gegen ihn aufgekommenen Zweifel grundsätzlich gerne ausräumen würde und sich nicht grundsätzlich gegen eine Überprüfungsmaßnahme sperren würde. Im weiteren weist Heiko den Sachbearbeiter jedoch darauf hin, dass sich bei einer Dauerbehandlung mit Arzneimitteln die Fragestellung aus Anlage 4 Punkt 9.4 der FeV ergibt – und demnach ein Abstinenznachweis nicht erbracht werden muss. Nachdem der Sachbearbeiter dann über die IACM auch darüber aufgeklärt wird, dass man bei den Urinscreenings einen positiven Befund nicht nach Herkunft (Joint/Dronabinol) unterscheiden kann, wird die behördliche Fragestellung entsprechend geändert.

Bei der Begutachtung beschränkt sich die Untersuchung weitgehend auf eine ärztliche Befunderhebung und die psychomotorische Leistungstests. Um abzuklären, inwieweit Heiko eine Fahrt unter Rauschwirkung sicher vermeiden kann, wird er auch noch zu seiner Medikamenteneinnahme, der Dosis, dem Wirkverlauf, und dem Zeitabstand zur motorisierten Verkehrsteilnahme befragt. Da er diesbezüglich gut vorbereitet ist, kann er seine Fahreignung mit einem positiven Ergebnis nachweisen, ohne dass er sein Medikament absetzen muss.

An diesem Fall wird deutlich, dass die Fahreignung bei THC- Patienten sehr wohl gegeben sein kann und die Fahreignung nicht per se mit Verweis auf eine Drogenfahrt gem. § 24a StVG ausgeschlossen werden kann. Auf der anderen Seite wäre Heiko fast an dem Umstand gescheitert, dass der für ihn zuständige Sachbearbeiter anfänglich nicht in der Lage war, die **richtige Fragestellung** zu formulieren. Eine Klärung der Fragestellung ist im übrigen über die Gerichte nicht möglich, da aus Gründen der Verfahrensökonomie die Überprüfungsanordnung und die damit einhergehende Fragestellung juristisch nicht anfechtbar ist.

Unabhängig davon, in welcher Form (Medikament/Extrakt/Blüten) Cannabis zu medizinischen Zwecken verwendet wird, muss man also mit führerscheinrechtlichen Problemen rechnen. Daher sollte man grundsätzlich erst einmal abklären, inwieweit bei dem persönlichen Leiden die Indikation für ein THC-Medikament gegeben ist. Zur Klärung dieser Frage sollten sich Betroffene am besten mit der *Arbeitsgemeinschaft Cannabis als Medizin (www.cannabis-med.org)* in Verbindung setzen. Auch der Kontakt zum *Selbsthilfenetzwerk Cannabis Medizin (www.selbsthilfenetzwerk-cannabis-medizin.de)* kann sehr hilfreich sein, da sich hier betroffene Cannabispatienten zusammengeschlossen haben und über vielfältige Erfahrungen verfügen.

Wenn man sich dann für die Behandlung mit einem THC-Medikament entschieden hat und dieses durch einen Arzt verschrieben bekommt bzw. die **Sondergenehmigung für den Bezug von Cannabisextrakt/-blüten oder die über den Eigenanbau** vorliegt, sollte man beachten, dass die Einnahme von THC so zu erfolgen hat, dass eine leistungsmindernde Wirkung bei einer Verkehrsteilnahme ausgeschlossen werden kann. Daher ist mit dem behandelnden Arzt abzuklären, zu welchen Zeiten welche Dosis einzunehmen ist und wie lange dann auf eine Verkehrsteilnahme verzichtet werden sollte. Bei Verkehrskontrollen gelten folgende Empfehlungen:

- Bei einer aktiven Verkehrsteilnahme sollte man zur Sicherheit entweder das Rezept oder die Ausnahmegenehmigung für den Verkehr mit THC/Cannabis dabei haben.
- Auf Nachfrage der Polizei sollte man die Einnahme eines THC-Medikamentes angeben. Darüber hinausgehende Informationen hinsichtlich letzter Einnahme/Dosis/Indikation (Krankheitsbild, wofür das Medikament eingenommen wird) sollten nicht erfolgen!
- Ein Schnelltest, egal ob Urin-, Schweiß- oder Oberflächentest, sollte grundsätzlich mit Verweis auf die bestimmungsgemäße Einnahme von THC abgelehnt werden.
- Die Zustimmung zu einer Blutentnahme sollte man ebenfalls verweigern, da gemäß § 24a StVG Abs. 2 Satz 2 keine Ordnungswidrigkeit vorliegt, wenn die Substanz, hier THC, bestimmungsgemäß eingenommen wird, und zwar völlig unabhängig von der möglichen Höhe des THC-Wertes im Blutserum. Eine Blutentnahme dürfte demnach nur dann durch einen Richter angeordnet werden, wenn weitere «Ausfallerscheinungen» vorliegen, die auf eine strafbare Trunkenheitsfahrt gem. § 316 StGB schließen Falls die Beamten bzw. der zuständige Richter dennoch eine Blutentnahme anordnen, sollte man sich nicht dagegen sperren und gleichzeitig

einen Anwalt mit der Wahrnehmung seiner Interessen beauftragen, um dem Vorwurf einer Drogenfahrt entgegenzuwirken.

- Die verkehrspsychologische Begutachtung eines Cannabis-Patienten ist grundsätzlich schwierig, zumal wenn der Patient statt des standardisierten Medikaments (z.B. Dronnabinol, Savitex) Cannabisblüten aus der Apotheke oder dem Eigenanbau verwendet. Denn ein wesentlicher Bestandteil der Begutachtung bezieht sich auf die Frage der genauen Dosierung und Wirkungseinschätzung.

Anhang 1: Studien zur Verkehrssicherheit und Cannabis

1. Studie der Universität Limburg 1994

H.W.J. Robbe von der niederländischen Universität Limburg entwickelte mit Unterstützung des US-Verkehrsministeriums und des holländischen Verkehrsministeriums, Bereich Verkehrssicherheit, eine Testreihe, die die Wirkung des Cannabisrauchens auf die tatsächliche Fahrleistung untersuchen sollte. Michael Karus führt in einem Artikel dazu aus:

> *Die Standardtests zeigten sowohl im Labor als auch auf der Straße einen im Vergleich zu Placebos deutlichen Einfluss der Droge, der aber selbst bei einer Dosis von 300 Mikrogramm THC pro Kilogramm Körpergewicht in keiner Weise als dramatisch zu bezeichnen war, sondern Effekten entsprach, die von einigen Medikamenten her bekannt sind und verglichen mit den Auswirkungen von Alkohol unter dem Grenzwert von 0,8 Promille liegen. [...] Das scheinbare Paradoxon erklärt Robbe mit einem psychologischen Phänomen. Fahrer unter Einfluss von Marihuana tendieren dazu, ihre Fahrfähigkeit als sehr gering einzuschätzen. Als Folge dieser Selbsteinschätzung kompensieren sie die vermeintliche oder tatsächliche Verminderung der Fahrtüchtigkeit durch gesteigerte Aufmerksamkeit, Reduzierung des Tempos und größere Abstände zu den anderen Fahrzeugen.*

Quelle: H.W.J. Robbe: «Influence of Marijuana on Driving». Institute for Human Psychopharmacology, University of Limburg, Maastricht 1994 (ISBN 90-5147-023-1), *http://www.cannabislegal.de/studien/thc-fahren.htm*

2. Studie von Mischkowitz und Möller 1996

In dieser Studie wurde u.a. untersucht, wie viele Prozent der Fahrer, die unter dem Einfluss von verschiedenen Substanzen standen, schuldhafte Unfallverursacher waren. Überraschend war dabei die Erkenntnis, dass bei verkehrsauffälligen Teilnehmern «die Fälle mit einem positiven Cannabis-Befund [...] sowohl bei den Unfällen mit Sachschaden als auch bei den Unfällen mit Personenschaden und den Suchtmittel/Medikament-negativen Fällen [bei denen man also nichts gefunden hatte] vergleichbare Anteilswerte zeigten», «[...] obwohl das Durchschnittsalter der Cannabis-Konsumenten deutlich unter dem der S/M-negativen

Probanden liegt und sie von daher einer Altersgruppe mit einem höheren Unfallrisiko zugerechnet werden müssen». Mit anderen Worten, jüngere Cannabisfahrer verursachten laut dieser Studie nicht mehr Unfälle als erfahrenere nüchterne Fahrer (!).

Quelle: Mischkowitz, R.; Möller, M.; Hartung, M.: Gefährdungen durch Drogen. Blutprobenuntersuchungen zur Prävalenz und Wirkung von Drogen- und Medikamentenbeeinflussung im Straßenverkehr und bei Kriminaldelikten. BKA Wiesbaden 1996

In einer Metaanalyse bestehender Forschungsergebnisse aus dem Jahr 1997 heißt es: «Als besonders empfindlich gegenüber einer THC-Wirkung erweisen sich **Aufmerksamkeit**, **Tracking** und **Psychomotorik.** Fahren als Ausdruck von Mehrfachleistung erscheint dagegen als relativ unempfindlich. Im THC-Konzentrationsbereich 7–15 ng/ml sind nach vorliegenden Ergebnissen für das Verkehrsverhalten wesentliche Leistungeinschränkungen zu erwarten.

Anmerkung: Die der Auswertung der Studie zugrundeliegenden Messergebnisse (THC im Blut) wurden wie international üblich im Gesamtblut bestimmt. In der Bundesrepublik wird der Wert im Blutserum bestimmt und führt somit zu einem mehr als doppelt so hohen Wert.»

Quelle: Metaanalyse bestehender Forschungsergebnisse von Schulz/Vollrath im Auftrag der BASt: «Fahruntüchtigkeit durch Cannabis, Amphetamine und Cocain». Mensch und Sicherheit, Heft M82.

3. Literaturstudie der Europäischen Beobachtungsstelle für Drogen und Drogensucht (EMCDDA), 1999

Bezüglich Cannabis kam diese Studie zu dem Ergebnis, dass der Gebrauch von Haschisch und Marihuana im Straßenverkehr die Aufmerksamkeit und Koordination einschränkt. Es wird allerdings darauf hingewiesen, dass bei den meisten Studien nur sehr geringe Mengen Haschisch oder Marihuana verwendet wurden und die Ergebnisse deshalb nicht auf Nutzer höherer Dosen angewendet werden können. Die EMCDDA empfiehlt, bei künftigen Studien die Dosis zu erhöhen.

Quelle: Literaturstudie über den Zusammenhang zwischen dem Gebrauch von Drogen, beeinträchtigtem Fahren und Verkehrsunfällen, Lissabon Februar 1999; *http://www.emcdda.europa.eu/html.cfm/index-58070EN.html*

4. Studie des britischen Verkehrsministeriums

Eine im Sommer 2000 veröffentlichte Studie, für die im Auftrag des britischen Verkehrsministeriums Testpersonen unter dem Einfluss von Cannabis in Fahrsimulatoren getestet wurden, ergab, dass die Fahrer die negativen Einflüsse von Cannabis weitgehend durch eine vorsichtigere, defensivere Fahrweise ausglichen.

Quelle: Studie des britischen Verkehrsministeriums, London 2000; *http://www.csdp.org/research/TRL477.pdf*

5. Studie der Universität Würzburg 2001

Bei Monokonsum lässt sich nur für Amphetamin/Ecstasy in hoher Konzentration und für Alkohol eine deutliche Gefährdung nachweisen. Der akute Konsum von Cannabis allein verändert das Fahrverhalten nicht, ebenso der Konsum von Amphetamin/Ecstasy in niedriger Konzentration. Besondere Gefährdung geht von der Kombination einer Droge mit Alkohol und von der Kombination zweier Drogen miteinander und zusätzlich mit Alkohol aus.

Quelle: BASt-Bericht M 132, M. Vollrath, R. Löbmann, H.-P. Krüger, H. Schöch, T. Widera, M. Mettke, Universität Würzburg 2001 (vergriffen)

6. Studie des SWOV Institute for Road Safety Research 2004

Die Studie des SWOV beschäftigte sich mit dem Zusammenhang zwischen dem Gebrauch von psychoaktiven Substanzen und Unfällen im Straßenverkehr, die im Krankenhaus behandelt werden mussten. Die Verkehrsteilnehmer wurden interviewt und deren Blut- und/oder Urinproben wurden ausgewertet. Dabei wurde festgestellt, dass von Fahrern unter dem Einfluss von Cannabis keine große Gefahr ausgeht. Die größte Gefahr ging vom Mischkonsum verschiedener Drogen oder Alkohol aus.

Quelle: *http://www.ncbi.nlm.nih.gov/pubmed/15094417*

7. Studie der Universität Melbourne 2004

In einer australischen Studie wurden Unfallursachen bei 3398 tödlich verunglückten Fahrern untersucht. Während Fahrer mit niedrigen THC-Konzentrationen im Blut eine geringere Wahrscheinlichkeit hatten, einen Unfall zu verursachen als drogenfreie Fahrer, waren höhere THC-Konzentrationen mit einer deutlich höheren Verschuldensrate verbunden.

Für alle Fahrer, die nur THC im Blut hatten, betrug das geschätzte relative Risiko (Odds Ratio, OR) für die Verursachung eines Unfalls im Vergleich zu drogenfreien Fahrern 2,7 (das heißt 2,7 mal so hoch). Für Fahrer mit mehr als 5 ng/ml THC im Blut stieg die OR auf 6,6. Allerdings war die Verschuldensrate für Fahrer mit 5 ng/ml THC oder weniger in ihrem Blut geringer als bei drogenfreien Fahrern. Drogenfrei bedeutet, dass keine legalen (Alkohol, Medikamente) oder illegalen Drogen gefunden worden waren.

Die Verschuldensrate für Fahrer mit einer Blutalkoholkonzentration über 0,5 Promille war mehr als dreimal so hoch wie bei der Gruppe mit nur THC im Blut. Die OR für Fahrer mit THC und Alkohol im Blut im Vergleich mit den Fahrern mit alleinigem THC betrug 2,9, was auf einen additiven Effekt von THC und Alkohol auf die Beeinträchtigung der Fahrleistung hinweist.

Fahrer über 60 Jahre und jünger als 25 wiesen eine höhere Verschuldensrate auf als Fahrer im Alter von 30 bis 59 Jahren, die ersten vermutlich wegen einer nachlassenden psychomotorischen Leistungsfähigkeit, die zweiten vermutlich wegen Unerfahrenheit und höherer Risikobereitschaft. Die OR von Fahrern im Alter zwischen 18 und 25 Jahren verglichen mit Fahrern im Alter zwischen 30 und 39 Jahren betrug 1,7, die OR von Fahrern über 60 verglichen mit den Fahrern im Alter zwischen 30 und 39 betrug 2,2.

Quelle: IACM-Informationen vom 14. Februar 2004: «Wirkung von Cannabis auf die Fahrtüchtigkeit ist dosisabhängig» Studie des Forensischen Instituts der Monash Universität Melburne 2004

8. Studie des französischen Forschungsinstituts für Verkehrssicherheit 2005

Die SAM-Studie (Suchtstoffe und tödliche Unfälle im Straßenverkehr) des nationalen Forschungsinstituts für Verkehr und Verkehrssicherheit und des OFDT (Französisches Observatorium für Drogen und Vergiftungen) kam zu dem Schluss, dass das relative Risiko, einen tödlichen Verkehrsunfall zu verursachen, unter dem Einfluss von Cannabis geringer ist als unter Alkoholeinfluss.

Zugrunde gelegt wurden die toxikologisch untersuchten Blutproben aller Fahrer, die zwischen dem 30.09.2001 und 01.10.2003 Verkehrsunfälle verursacht hatten, bei denen Unfallbeteiligte zu Tode gekommen waren. Von den 17 000 registrierten Fällen konnten 10 700 in die Studie einbezogen werden.

Quelle: *http://www.ofdt.fr/BDD/publications/docs/SAMsynth.pdf*

9. Studie des Zentrums für Verkehrswissenschaften Würzburg 2005

In ihrer Studie im Auftrag der Universität Würzburg kommt die Diplompsychologin Eva Schnabel zu dem Schluss, dass die derzeit im Verkehrsrecht vorgesehene Nulltoleranzgrenze für Cannabis aus wissenschaftlicher Sicht nicht haltbar ist. Beeinträchtigungen, die ein erhöhtes Sicherheitsrisiko im Straßenverkehr verursachen könnten, treten lediglich innerhalb der ersten drei Stunden nach dem Konsum auf. Nur in diesem Zeitraum ist die THC-Konzentration im Blut gefährlich erhöht.

Nach Abklingen der Wirkung und der damit verbundenen eingeschränkten Fahrtauglichkeit sind im Blut noch bis zu 48 Stunden nach dem Konsum geringe THC-Konzentrationen nachweisbar, wodurch beeinträchtigte und unbeeinträchtigte Fahrer verkehrsstrafrechtlich nicht getrennt werden. Analog zur 0,5 Promille-Grenze bei Alkohol könnte bei THC ein Wert zwischen 7 und 8 ng THC/ml Blutserum eingeführt werden. Ein mit 0,3 Promille Alkohol vergleichbarer Grenzwert für eine beeinträchtigte Fahrleistung könnte bei Cannabiskonsumenten bei 3 ng THC/ml Blutserum liegen.

Quelle: *http://www.bas-muenchen.de/fileadmin/documents/pdf/Publikationen/Tagungsdokumentationen/Dokumentation_12.pdf*

10. Studie der Bundesanstalt für Straßenwesen 2007

Die BASt kam zu dem Ergebnis, dass Defizite bei Gelegenheitskonsumenten bezüglich der Fahrleistung nur nach akutem Konsum auftreten. Es wurden keine Hinweise gefunden, dass bei regelmäßigen Cannabiskonsumenten nach akutem Konsum oder Abstinenz mit stärkeren Leistungsdefiziten zu rechnen ist als bei Gelegenheitskonsumenten. Deshalb ist eine Unterscheidung zwischen gelegentlichen und regelmäßigen Cannabiskonsumenten beim Thema Straßenverkehr nicht sinnvoll.

Mischkonsum mit Alkohol führt laut dieser Studie dazu, dass diese Verkehrsteilnehmer häufiger an Unfällen beteiligt waren als Personen, die nur Cannabis konsumiert haben.

Ein positiver Zusammenhang zwischen der Höhe der Blutcannabinoidkonzentration und den Verkehrsauffälligkeiten ergab sich nicht. Häufig wurde sogar eine geringere THC-Konzentration bei Fahrern, die in einen Verkehrsunfall verwickelt waren, festgestellt als bei Fahrern, die nicht auffällig wurden. Selbst die Polizisten und Blut entnehmenden Ärzte empfanden diese Personengruppe als weniger auffällig. Dies spiegelt sich auch in der rechtlichen Einordnung wieder. So waren die Cannabinoidkonzentrationen bei den Betroffenen, die den Tatbestand einer Ordnungswidrigkeit erfüllen, höher als bei den Straftatbeständen.

Das Ergebnis lässt es zweifelhaft erscheinen, ob das vorliegende Instrumentarium zur Erkennung einer häufig nur diskret wahrnehmbaren Cannabisbeeinflussung im Straßenverkehr geeignet und ausreichend ist.

Quelle: http://www.bast.de/cln_007/nn_42254/DE/Publikationen/Infos/2007-2006/15-2007.html

11. European Integrated Project DRUID

Die Erkenntnisse aus der Studie wurden erstmals im Oktober 2012 auf einem Symposium in Baden-Baden vorgestellt, das vom ADAC und der BASt veranstaltet wurde. Eine wesentliche Erkenntnis im Bezug auf die Verkehrsgefahren durch psychotrop wirkenden Substanzen wird wie folgt wiedergegeben:

> *Das DRUID-Projekt lieferte auch Informationen über einen kurz zurückliegenden Substanzmissbrauch von Fahrern, die bei einem Autounfall schwer verletzt oder sogar getötet wurden. Dabei stellte sich Alkohol als die am häufigsten nachgewiesene psychoaktive Substanz heraus. Ferner wurde auch ein relativ hoher Anteil an Kombinationen von Alkohol und Drogen oder von mehreren Drogen im Vergleich zu nur einer Droge festgestellt. Das relative Verletzungsrisiko in Zusammenhang mit psychoaktiven Substanzen lässt sich errechnen aus dem Anteil des kurz zurückliegenden Substanzmissbrauch bei verletzten und getöteten Autofahrern im Vergleich zu dessen Anteil bei Autofahrern im täglichen Straßenverkehr. Stark erhöhte Risiken waren bei Fahrern unter dem Einfluss von Amphetaminen, Kombinationen mehrerer Drogen und Alkohol mit einer Blutalkoholkonzentration (BAK) von 0,8 bis 1,2 g/L zu beobachten. Der extremste Risikoanstieg wurde jedoch bei einem Alkoholkonsum mit einer BAK von mehr als 1,2 g/L und bei Kombinationen von Alkohol und Drogen gemessen.*

Cannabis bzw. THC taucht als besonderer Risikofaktor für das Unfallgeschehen in dieser groß angelegten Studie nicht auf, so dass die Gefahren, die sich aus dem gesellschaftlich verbreiteten Cannabiskonsum für die Verkehrssicherheit ergeben können, nachweislich unterhalb denen von Alkohol liegen.

Anhang 2: Rechtsnormen

Strafrecht

§ 316 Trunkenheit im Verkehr

(1) Wer im Verkehr (§§ 315 bis 315d) ein Fahrzeug führt, obwohl er infolge des Genusses alkoholischer Getränke oder anderer berauschender Mittel nicht in der Lage ist, das Fahrzeug sicher zu führen, wird mit Freiheitsstrafe bis zu einem Jahr oder mit Geldstrafe bestraft, wenn die Tat nicht in § 315a oder § 315c mit Strafe bedroht ist.

(2) Nach Absatz 1 wird auch bestraft, wer die Tat fahrlässig begeht.

§ 315c Gefährdung des Straßenverkehrs

(1) Wer im Straßenverkehr
  1. ein Fahrzeug führt, obwohl er
     a) infolge des Genusses alkoholischer Getränke oder anderer berauschender Mittel oder
     b) infolge geistiger oder körperlicher Mängel nicht in der Lage ist, das Fahrzeug sicher zu führen, [...]

     und dadurch Leib oder Leben eines anderen Menschen oder fremde Sachen von bedeutendem Wert gefährdet, wird mit Freiheitsstrafe bis zu fünf Jahren oder mit Geldstrafe bestraft.

(2) In den Fällen des Absatzes 1 Nr. 1 ist der Versuch strafbar.

(3) Wer in den Fällen des Absatzes 1
  1. die Gefahr fahrlässig verursacht oder
  2. fahrlässig handelt und die Gefahr fahrlässig verursacht, wird mit Freiheitsstrafe bis zu zwei Jahren oder mit Geldstrafe bestraft.

Ordnungswidrigkeit

§ 24a StVG (0,5 Promille-Grenze)

(1) Ordnungswidrig handelt, wer im Straßenverkehr ein Kraftfahrzeug führt, obwohl er 0,25 mg/l oder mehr Alkohol in der Atemluft oder 0,5 Promille oder mehr Alkohol im Blut oder eine Alkoholmenge im Körper hat, die zu einer solchen Atem- oder Blutalkoholkonzentration führt.

(2) Ordnungswidrig handelt, wer unter der Wirkung eines in der Anlage zu dieser Vorschrift genannten berauschenden Mittels im Straßenverkehr ein Kraftfahrzeug führt. Eine solche Wirkung liegt vor, wenn eine in dieser Anlage genannte Substanz im Blut nachgewiesen wird. Satz 1 gilt nicht, wenn die Substanz aus der bestimmungsgemäßen Einnahme eines für einen konkreten Krankheitsfall verschriebenen Arzneimittels herrührt.

(3) Ordnungswidrig handelt auch, wer die Tat fahrlässig begeht.

(4) Die Ordnungswidrigkeit kann mit einer Geldbuße bis zu dreitausend Euro geahndet werden.

(5) Das Bundesministerium für Verkehr, Bau und Stadtentwicklung wird ermächtigt, durch Rechtsverordnung im Einvernehmen mit dem Bundesministerium für Gesundheit und dem Bundesministerium der Justiz mit Zustimmung des Bundesrates die Liste der berauschenden Mittel und Substanzen in der Anlage zu dieser Vorschrift zu ändern oder zu ergänzen, wenn dies nach wissenschaftlicher Erkenntnis im Hinblick auf die Sicherheit des Straßenverkehrs erforderlich ist.

Meldewesen: § 2 Abs. 12 StVG

Die Polizei hat Informationen über Tatsachen, die auf nicht nur vorübergehende Mängel hinsichtlich der Eignung oder auf Mängel hinsichtlich der Befähigung einer Person zum Führen von Kraftfahrzeugen schließen lassen, den Fahrerlaubnisbehörden zu übermitteln, soweit dies für die Überprüfung der Eignung oder Befähigung aus der Sicht der übermittelnden Stelle erforderlich ist. Soweit die mitgeteilten Informationen für die Beurteilung der Eignung oder Befähigung nicht erforderlich sind, sind die Unterlagen unverzüglich zu vernichten.

Fahrerlaubnisverordnung (FeV)

§ 11

(1) Bewerber um eine Fahrerlaubnis müssen die hierfür notwendigen körperlichen und geistigen Anforderungen erfüllen. Die Anforderungen sind insbesondere nicht erfüllt, wenn eine Erkrankung oder ein Mangel nach Anlage 4 oder 5 vorliegt, wodurch die Eignung oder die bedingte Eignung zum Führen von Kraftfahrzeugen ausgeschlossen wird. Außerdem dürfen die Bewerber nicht erheblich oder nicht wiederholt gegen verkehrsrechtliche Vorschriften oder Strafgesetze verstoßen haben, sodass dadurch die Eignung ausgeschlossen wird. […].

Abs. 2

Werden Tatsachen bekannt, die Bedenken gegen die körperliche oder geistige Eignung des Fahrerlaubnisbewerbers begründen, kann die Fahrerlaubnisbehörde zur Vorbereitung von Entscheidungen über die Erteilung oder Verlängerung der Fahrerlaubnis oder über die Anordnung von Beschränkungen oder Auflagen die Beibringung eines ärztlichen Gutachtens durch den Bewerber anordnen. Bedenken gegen die körperliche oder geistige Eignung bestehen insbesondere, wenn Tatsachen bekannt werden, die auf eine Erkrankung oder einen Mangel nach Anlage 4 oder 5 hinweisen. Die Behörde bestimmt in der Anordnung auch, ob das Gutachten von einem

1. für die Fragestellung (Absatz 6 Satz 1) zuständigen Facharzt mit verkehrsmedizinischer Qualifikation,
2. Arzt des Gesundheitsamtes oder einem anderen Arzt der öffentlichen Verwaltung,
3. Arzt mit der Gebietsbezeichnung «Arbeitsmedizin» oder der Zusatzbezeichnung «Betriebsmedizin»,
4. Arzt mit der Gebietsbezeichnung «Facharzt für Rechtsmedizin» oder

5. Arzt in einer Begutachtungsstelle für Fahreignung, der die Anforderungen nach Anlage 14 erfüllt, erstellt werden soll. Die Behörde kann auch mehrere solcher Anordnungen treffen. Der Facharzt nach Satz 3 Nummer 1 soll nicht zugleich der den Betroffenen behandelnde Arzt sein.

(3) Die Beibringung eines Gutachtens einer amtlich anerkannten Begutachtungsstelle für Fahreignung (medizinisch-psychologisches Gutachten) kann zur Klärung von Eignungszweifeln für die Zwecke nach Absatz 1 und 2 angeordnet werden,

1. wenn nach Würdigung der Gutachten gemäß Absatz 2 oder Absatz 4 ein medizinisch-psychologisches Gutachten zusätzlich erforderlich ist,
2. zur Vorbereitung einer Entscheidung über die Befreiung von den Vorschriften über das Mindestalter,
3. bei erheblichen Auffälligkeiten, die im Rahmen einer Fahrerlaubnisprüfung nach § 18 Absatz 3 mitgeteilt worden sind,
4. bei einem erheblichen Verstoß oder wiederholten Verstößen gegen verkehrsrechtliche Vorschriften,
5. bei einer erheblichen Straftat, die im Zusammenhang mit dem Straßenverkehr steht, oder bei Straftaten, die im Zusammenhang mit dem Straßenverkehr stehen,
6. bei einer erheblichen Straftat, die im Zusammenhang mit der Kraftfahreignung steht, insbesondere wenn Anhaltspunkte für ein hohes Aggressionspotenzial bestehen oder die erhebliche Straftat unter Nutzung eines Fahrzeugs begangen wurde,
7. bei Straftaten, die im Zusammenhang mit der Kraftfahreignung stehen, insbesondere wenn Anhaltspunkte für ein hohes Aggressionspotenzial bestehen,
8. wenn die besondere Verantwortung bei der Beförderung von Fahrgästen nach Absatz 1 zu überprüfen ist oder
9. bei der Neuerteilung der Fahrerlaubnis, wenn
   a) die Fahrerlaubnis wiederholt entzogen war oder
   b) der Entzug der Fahrerlaubnis auf einem Grund nach den Nummern 4 bis 7 beruhte.

Unberührt bleiben medizinisch-psychologische Begutachtungen nach § 2a Absatz 4 und 5 und § 4 Absatz 10 Satz 3 des Straßenverkehrsgesetzes sowie § 10 Absatz 2 und den §§ 13 und 14 in Verbindung mit den Anlagen 4 und 5 dieser Verordnung.

Abs. 6

Die Fahrerlaubnisbehörde legt unter Berücksichtigung der Besonderheiten des Einzelfalls und unter Beachtung der Anlagen 4 und 5 in der Anordnung zur Beibringung des Gutachtens fest, welche Fragen im Hinblick auf die Eignung des Betroffenen zum Führen von Kraftfahrzeugen zu klären sind. Die Behörde teilt dem Betroffenen unter Darlegung der Gründe für die Zweifel an seiner Eignung und unter Angabe der für die Untersuchung in Betracht kommenden Stelle oder Stellen mit, dass er sich innerhalb einer von ihr festgelegten Frist auf seine Kosten der Untersuchung zu unterziehen und das Gutachten beizubringen hat; sie teilt ihm außerdem mit, dass er die zu übersendenden Unterlagen einsehen kann. Der Betroffene hat die Fahrerlaubnisbehörde darüber zu unterrichten, welche Stelle er mit der Untersuchung beauftragt hat. Die Fahrerlaubnisbehörde teilt der untersuchenden Stelle mit, welche Fragen im Hinblick auf die Eignung des Betroffenen zum Führen von Kraftfahrzeugen zu klären sind und übersendet ihr die vollständigen Unterlagen, soweit sie unter Beachtung der gesetzlichen Verwertungsverbote verwendet werden dürfen. Die Untersuchung erfolgt auf Grund eines Auftrags durch den Betroffenen.

(7) Steht die Nichteignung des Betroffenen zur Überzeugung der Fahrerlaubnis behörde fest, unterbleibt die Anordnung zur Beibringung des Gutachtens.

(8) Weigert sich der Betroffene, sich untersuchen zu lassen, oder bringt er der Fahrerlaubnisbehörde das von ihr geforderte Gutachten nicht fristgerecht bei, darf sie bei ihrer Entscheidung auf die Nichteignung des Betroffenen schließen. Der Betroffene ist hierauf bei der Anordnung nach Absatz 6 hinzuweisen.

§ 13 Klärung von Eignungszweifeln bei Alkoholproblematik

Zur Vorbereitung von Entscheidungen über die Erteilung oder Verlängerung der Fahrerlaubnis oder über die Anordnung von Beschränkungen oder Auflagen ordnet die Fahrerlaubnisbehörde an, dass

1. ein ärztliches Gutachten (§ 11 Absatz 2 Satz 3) beizubringen ist, wenn Tatsachen die Annahme von Alkoholabhängigkeit begründen, oder
2. ein medizinisch-psychologisches Gutachten beizubringen ist, wenn
   a) nach dem ärztlichen Gutachten zwar keine Alkoholabhängigkeit, jedoch Anzeichen für Alkoholmissbrauch vorliegen oder sonst Tatsachen die Annahme von Alkoholmissbrauch begründen,
   b) wiederholt Zuwiderhandlungen im Straßenverkehr unter Alkoholeinfluss begangen wurden,
   c) ein Fahrzeug im Straßenverkehr bei einer Blutalkoholkonzentration von 1,6 Promille oder mehr oder einer Atemalkoholkonzentration von 0,8 mg/l oder mehr geführt wurde,
   d) die Fahrerlaubnis aus einem der unter den Buchstaben a bis c genannten Gründe entzogen war oder
   e) sonst zu klären ist, ob Alkoholmissbrauch oder Alkoholabhängigkeit nicht mehr besteht.

Im Falle des Satzes 1 Nummer 2 Buchstabe b sind Zuwiderhandlungen, die ausschließlich gegen § 24c des Straßenverkehrsgesetzes begangen worden sind, nicht zu berücksichtigen.

§ 14

(1) Zur Vorbereitung von Entscheidungen über die Erteilung oder die Verlängerung der Fahrerlaubnis oder über die Anordnung von Beschränkungen oder Auflagen ordnet die Fahrerlaubnisbehörde an, dass ein ärztliches Gutachten (§ 11 Absatz 2 Satz 3) beizubringen ist, wenn Tatsachen die Annahme begründen, dass

1. Abhängigkeit von Betäubungsmitteln im Sinne des Betäubungsmittelgesetzes in der Fassung der Bekanntmachung vom 1. März 1994 (BGBl. I S. 358), das zuletzt durch Artikel 1 der Verordnung vom 11. Mai 2011

(BGBl. I S. 821) geändert worden ist, in der jeweils geltenden Fassung oder von anderen psychoaktiv wirkenden Stoffen,
2. Einnahme von Betäubungsmitteln im Sinne des Betäubungsmittelgesetzes oder
3. missbräuchliche Einnahme von psychoaktiv wirkenden Arzneimitteln oder anderen psychoaktiv wirkenden Stoffen vorliegt.

Die Beibringung eines ärztlichen Gutachtens kann angeordnet werden, wenn der Betroffene Betäubungsmittel im Sinne des Betäubungsmittelgesetzes widerrechtlich besitzt oder besessen hat. Die Beibringung eines medizinisch-psychologischen Gutachtens kann angeordnet werden, wenn gelegentliche Einnahme von Cannabis vorliegt und weitere Tatsachen Zweifel an der Eignung begründen.

(2) Die Beibringung eines medizinisch-psychologischen Gutachtens ist für die Zwecke nach Absatz 1 anzuordnen, wenn
1. die Fahrerlaubnis aus einem der in Absatz 1 genannten Gründe durch die Fahrerlaubnisbehörde oder ein Gericht entzogen war,
2. zu klären ist, ob der Betroffene noch abhängig ist oder – ohne abhängig zu sein – weiterhin die in Absatz 1 genannten Mittel oder Stoffe einnimmt, oder
3. wiederholt Zuwiderhandlungen im Straßenverkehr nach § 24a des Straßenverkehrsgesetzes begangen wurden. § 13 Nummer 2 Buchstabe b bleibt unberührt.

§ 73 Zuständigkeiten

(1) Diese Verordnung wird, soweit nicht die obersten Landesbehörden oder die höheren Verwaltungsbehörden zuständig sind oder diese Verordnung etwas anderes bestimmt, von den nach Landesrecht zuständigen unteren Verwaltungsbehörden oder den Behörden, denen durch Landesrecht die Aufgaben der unteren Verwaltungsbehörde zugewiesen werden (Fahrerlaubnisbehörden), ausgeführt. Die zuständigen obersten Landesbehörden und die höheren Verwaltungsbehörden können diesen Behörden Weisungen auch für den Einzelfall erteilen.

(2) Örtlich zuständig ist, soweit nichts anderes vorgeschrieben ist, die Behörde des Ortes, in dem der Antragsteller oder Betroffene seine Wohnung, bei mehreren Wohnungen seine Hauptwohnung, hat (§ 12 Absatz 2 des Melderechtsrahmengesetzes in der Fassung der Bekanntmachung vom 19. April 2002 (BGBl. I S. 1342), das zuletzt durch Artikel 3 Absatz 1 des Gesetzes vom 18. Juni 2009 (BGBl. I S. 1346) geändert worden ist, in der jeweils geltenden Fassung), mangels eines solchen die Behörde des Aufenthaltsortes, bei juristischen Personen, Handelsunternehmen oder Behörden die Behörde des Sitzes oder des Ortes der beteiligten Niederlassung oder Dienststelle. Anträge können mit Zustimmung der örtlich zuständigen Behörde von einer gleichgeordneten auswärtigen Behörde behandelt und erledigt werden. Die Verfügungen der Behörde nach Satz 1 und 2 sind im gesamten Inland wirksam, es sei denn, der Geltungsbereich wird durch gesetzliche Regelung oder durch behördliche Verfügung eingeschränkt. Verlangt die Verkehrssicherheit ein sofortiges Eingreifen, kann anstelle der örtlich zuständigen Behörde jede ihr gleichgeordnete Behörde mit derselben Wirkung Maßnahmen auf Grund dieser Verordnung vorläufig treffen.

Anlage 4 FeV

8.	**Alkohol**	**Eignung oder bedingte Eignung**		**Beschränkungen/Auflagen bei bedingter Eignung**	
8.1	Missbrauch (das Führen von Fahrzeugen und ein die Fahrsicherheit beeinträchtigender Alkoholkonsum kann nicht hinreichend sicher getrennt werden)	nein	nein	–	–
8.2	nach Beendigung des Missbrauchs	ja, wenn die Änderung des Trinkverhaltens gefestigt ist	ja, wenn die Änderung des Trinkverhaltens gefestigt ist	–	–
8.3	Abhängigkeit	nein	nein	–	–

8.4	nach Abhängigkeit (Entwöhnungsbehandlung)	ja, wenn die Abhängigkeit nicht mehr besteht und in der Regel ein Jahr Abstinenz nachgewiesen ist	ja, wenn die Abhängigkeit nicht mehr besteht und in der Regel ein Jahr Abstinenz nachgewiesen ist	–	–
9.	**Betäubungsmittel, andere psychoaktiv wirkende Stoffe und Arzneimittel**				
9.1	Einnahme von Betäubungsmitteln im Sinne des Betäubungsmittelgesetzes (ausgenommen Cannabis)	nein	nein	–	–
9.2	Einnahme von Cannabis				
9.3	Abhängigkeit von Betäubungsmitteln im Sinne des Betäubungsmittelgesetzes oder von anderen psychoaktiv wirkenden Stoffen	nein	nein	–	–
9.4	missbräuchliche Einnahme (regelmäßig übermäßiger Gebrauch) von psychoaktiv wirkenden Arzneimitteln und anderen psychoaktiv wirkenden Stoffen	nein	nein	–	–
9.5	nach Entgiftung und Entwöhnung	ja nach einjähriger Abstinenz	ja nach einjähriger Abstinenz	regelmäßige Kontrollen	regelmäßige Kontrollen
9.6	Dauerbehandlung mit Arzneimitteln				
9.6.1	Vergiftung	nein	nein	–	–
9.6.2	Beeinträchtigung der Leistungsfähigkeit zum Führen von Kraftfahrzeugen unter das erforderliche Maß	nein	nein	–	–

Begutachtungsstellen: Übersicht		
Träger der Begutachtungsstelle	**Anzahl der Begutachtungs-stellen im Bundesgebiet**	**Anbieter für Aufbaukurse nach § 70 FeV**
ABV GmbH ehemals TÜV Rheinland	28	Impuls GmbH, Kurs «Clean» Kosten 529 Euro +100 Euro für Screening
AVUS GmbH	12	
BAD	5	
DEKRA	33	DEKRA Akademie GmbH, Kurs «Speed 02»
IAS	6	
IBBK	3	
Pima MPU GmbH	40	
ProSecure	2	
TÜV Nord GmbH	60	Nord-Kurs GmbH: Kurs «Speed 02» Kosten 529 Euro +100 Euro für Screening
TÜV Süd	41	TÜV Süd Pluspunkt, Kurs «Drugs» Kosten 569 Euro +100 Euro für Screening
TÜV Hessen	21	TÜV Hessen Mobilität und Beratung GmbH, Kurs «Drugs» Kosten 550 Euro +100 Euro für Screening
TÜV Thüringen	13	TÜV Thüringen Anlagen-technik GmbH und Co KG, Kurs «Speed 02» Kosten 495 Euro inkl. Screening
Institut für Rechtsmedizin und Verkehrsmedizin Uniklinik Heidelberg	1	

Literatur

Berichte der Bundesanstalt für Straßenwesen (BASt), Schriftenreihe «Mensch und Sicherheit»:

Charakteristische Merkmale der Kraftfahrtauglichkeit von Methadonpatienten, *Heft M 76,* 1997.

Kongreßbericht 1997 der Deutschen Gesellschaft für Verkehrsmedizin e.V., *Heft M 92,* 1997/98.

Fahrtüchtigkeit durch Cannabis, Amphetamine und Cocain, *Heft M 81,* 1998.

Fahrten unter Drogeneinfluss – Einflussfaktoren und Gefährdungspotenziale, *Heft M 132,* 2001.

Kongressbericht 200 der Deutschen Gesellschaft für Verkehrsmedizin e.V., *Heft M 152,* 2003.

Cannabis und Verkehrssicherheit, *Heft M 182,* 2006.

Begutachtungs-Leitlinien zur Kraftfahreignung, *Heft M 115,* 2009.

Berr/Krause/Sachs: Drogen im Straßenverkehrsrecht, C.F. Müller, 2007.

Eisenmenger: Drogen im Straßenverkehr, Neue Entwicklungen. Neue Zeitschrift für Verkehrsrecht, 2006.

Grotenhermen/Karus: Cannabis, Straßenverkehr und Arbeitswelt; Springer, 2002.

Heiler/Jagow: Führerschein, 4. Auflage; Verlag H. Vogel, 1998.

Hettenbach: Führerschein/MPU, Books on Demand, 2001.

Schubert/Mattern: Urteilsbildung in der Medizinisch-Psychologischen Fahreignungsdiagnostik. Beurteilungskriterien, 2. Auflage, Kirschbaumverlag, 2009.

Schubert/Schneider/Eisenmenger/Stephan: Begutachtungs-Leitlinien zur Kraftfahreignung Kommentar, 2. Auflage, Kirschbaumverlag, 2009.

Patzak/Bohnen: Betäubungsmittelrecht, 2. Auflage; Verlag C.H.Beck, 2011.

Der Autor

Theo Pütz, geb. 1968, beschäftigt sich als Suchtberater seit vielen Jahren intensiv mit der führerscheinrechtlichen Entwicklung in Bezug auf illegale Substanzen. Als Experte und Referent nahm er an zahlreichen Veranstaltungen zu diesem Thema teil. Für den «Bundesverband für akzeptierende Drogenarbeit und humane Drogenpolitik», Akzept e.V. verfasste er u.a. in der Zeitschrift *Akzeptanz* (Ausgabe 1/2001) einen Aufsatz zur Rechtsentwicklung im Bereich Verkehrsrecht und thematisierte somit schon sehr frühzeitig die führerscheinrechtliche Problematik. Mit seinen Aufsätzen und Referaten machte er politische Parteien auf diesen Themenkomplex aufmerksam und wirkte an verschiedenen parlamentarischen Anfragen mit. Seit dieser Zeit steht er in regelmäßigem Kontakt mit Juristen, Verkehrsmedizinern und Toxikologen. Seit einigen Jahren führt er das «Beratungsnetzwerk Fahreignung» und bereitet in seiner Funktion als Suchtberater Betroffene auf die Fahreignungsüberprüfung vor. Theo Pütz lebt mit Frau und drei Kindern in Berlin.

Gebhard Heinzle: Cannabis und Führerschein in Österreich

Dass größere Schwierigkeiten bekommen kann, wer unter Cannabiseinfluss ein Fahrzeug lenkt, leuchtet jedem ein. Aber auch Personen, die ohne Zusammenhang mit dem Lenken von Fahrzeugen Cannabis konsumieren, können Führerscheinprobleme bekommen. Die rechtliche Situation in Österreich ist aber ganz anders als in Deutschland.

Amtsärztliche Führerscheinuntersuchung

Jede Anzeige wegen Cannabisgebrauch wird auch der Führerscheinbehörde übermittelt. Wer also einen Führerschein hat und von der Polizei wegen Cannabis verhört wurde, weiß, dass Aktionen der Führerscheinbehörde bevorstehen. Nicht selten schickt das Führerscheinamt eine rechtlich nicht gedeckte Vorladung. Dazu drei Beispiele:

Der 22-jährige A. gibt bei der Polizei an, im zweiten Halbjahr 2012 in unregelmäßigen Abständen etwa 12 Gramm Cannabis konsumiert zu haben. Die Bezirkshauptmannschaft fordert den Betroffenen im Februar 2013 mit Bescheid auf, sich innerhalb eines Monats der amtsärztlichen Führerscheinuntersuchung zu unterziehen. Sonst werde der Führerschein auf jeden Fall entzogen.

Der 36-jährige B. gibt bei der Polizei an, im zweiten Halbjahr 2012 circa sechsmal Cannabis konsumiert zu haben. Die Bezirkshauptmannschaft lädt den Betroffenen zur amtsärztlichen Gesundheitsuntersuchung. Wegen Nicht-Wahrnehmung des Termins schickt sie ihm im Juli 2013 einen Bescheid: amtsärztliche Führerscheinuntersuchung innerhalb eines Monats!

Der 32-jährige C. wird im Juni 2012 von zwei Zivilpolizisten an einem Musikfestival beobachtet, wie er mit Kollegen einen Joint konsumiert. Die sofort durchgeführte Personendurchsuchung fördert zwei Gramm Cannabisblüten zutage. C. konsumiert auf Festivals gelegentlich Cannabis. Das Verkehrsamt Wien schickt

> *ihm im September 2012 einen Bescheid, dass er sich innerhalb von zwei Wochen der amtsärztlichen Führerscheinuntersuchung unterziehen müsse, da ihm sonst der Führerschein entzogen werde.*

Wenn der Fall nicht so klar ist und vielleicht doch mehr als «gelegentlicher Konsum» vorliegt, ist dem Betroffenen eine vorausschauende Strategie zu empfehlen: Er sollte abstinent bleiben und sich im Behördenverfahren darauf berufen, seit der Polizeiintervention den Konsum zur Gänze eingestellt zu haben. Die Abstinenzphase sollte freiwillig durch reelle Urintests (in einem Labor «unter Sicht» abgegeben) dokumentiert sein.

Wer in Österreich einen uneingeschränkten Führerschein hat, genießt einen sogenannten **Bestandsschutz**. Die Behörde darf nur bei begründetem Verdacht auf mehr als gelegentlichen Konsum von Cannabis eine amtsärztliche Überprüfung anordnen. Gegen eine solche Anordnung kann der Führerscheinbesitzer in Österreich rechtlich vorgehen. Bis rechtlich geklärt ist, ob er sich nun untersuchen lassen muss, passiert seinem Führerschein gar nichts. Die Behörden erteilen dazu falsche Auskünfte, Beispiel aus der Mail einer Behörde vom September 2013:

> *Bitte beachten Sie, dass trotz des Rechtsmittels die amtsärztliche Untersuchung innerhalb der vorgeschriebenen Frist zu absolvieren ist, da die Einlegung des Rechtsmittels keine aufschiebende Wirkung hat.*

Gegen Bedingungen, Befristungen, Kontrolluntersuchungen, Haaranalytik, psychiatrische Untersuchungen wehrt man sich am besten, indem man die amtsärztliche Untersuchung schon am Anfang mit rechtlichen Mitteln verhindert. Wer in der Lage ist, beispielsweise eine sechsmonatige Abstinenz unter Beweis zu stellen, hat die besten Chancen, das Begutachtungs- und Kontrollkarussell überhaupt zu vermeiden.

› Achtung: Wenn der erste Brief von der Führerscheinbehörde kommt, sollte man nicht selbst mit der Behörde sprechen, sondern sofort kompetenten Rat einholen. Trotz freundlicher Worte geht es den Beamten und Amtsärzten letztlich darum, die Betroffenen zu disziplinieren. Schon ein falsches Wort kann fatale Auswirkungen haben!

Jeder Führerscheinbesitzer sollte sich professionell gegen Briefe der Führerscheinbehörde zur Wehr setzen. Auch ein Führerscheinneuling, der Kontrollauflagen erhält, kann sich dagegen zur Wehr setzen. Wichtig ist, dass er die 14-tägige Frist ab der Führerscheinprüfung nicht versäumt! Sobald der Amtsarzt etwas sagt, was dem Betroffenen nicht geheuer ist, sollte dieser sich sofort fachkundig beraten lassen.

Psychiatrische Stellungnahme und VPU

Wer sich schon im Begutachtungskreislauf befindet, weil er die 14-Tage-Frist für das Rechtsmittel gegen den Bescheid, der die amtsärztliche Untersuchung auferlegt, versäumt hat oder wer sich aus freien Stücken im Vertrauen auf das rechtmäßige Handeln der Behörden zur Untersuchung begeben hat, hat immer noch Möglichkeiten, aus dem Prozedere auszusteigen: Wenn der Amtsarzt eine psychiatrische Stellungnahme oder eine verkehrspsychologische Untersuchung (VPU) verlangt, kann dagegen ein Rechtsmittel erhoben werden. Der Fall kann dann enden wie in diesem Urteil des Verwaltungsgerichtshofs vom 23.05.2013:

> *Die belangte Behörde hat die Aufforderung zur Vorlage einer fachärztlichen Stellungnahme (abgesehen von nicht näher konkretisierten «Vergehen nach dem Suchtmittelgesetz» aus den Jahren 2004 und 2006) auf einen einmaligen und dem Akteninhalt nach nicht im Zusammenhang mit dem Lenken von Kraftfahrzeugen stehenden Cannabisbesitz, welcher sich ein Jahr und acht Monate vor der Erlassung des angefochtenen Bescheides zugetragen hatte, gestützt. Dies genügt jedoch nicht zur […] Darlegung von aktuellen Bedenken an der gesundheitlichen Eignung zum Lenken von Kraftfahrzeugen.*

Oft werden verkehrspsychologische Untersuchungen zu Unrecht auferlegt. Hier sollte man sich sofort erkundigen. Verkehrspsychologen haben einen weiten Spielraum und nützen diesen nicht selten zum Nachteil der Führerscheinbesitzer. Ein negatives verkehrspsychologisches Gutachten bewirkt eine Sperre für ein Jahr. Wenn der Amtsarzt eine «psychiatrische Stellungnahme» verlangt und der Rechtsfachmann zum Ergebnis kommt, dass gegen dieses Ansinnen kein Kraut gewachsen ist, ist die Wahl des richtigen Psychiaters entscheidend. Den Auftrag erteilt der Betroffene. Jeder in Österreich niedergelassene Facharzt für Psychiatrie kommt als Gutachter in Frage. Die vom Verkehrsamt oder von der Bezirkshauptmannschaft «empfohlenen» Psychiater sind nicht zwingend die beste Wahl.

- Der Betroffene kann vom Gutachter verlangen, dass dieser das Gutachten ihm und nicht der Führerscheinbehörde schickt. So kann bei einem negativen Urin verhindert werden, dass dieses der Führerscheinbehörde zur Kenntnis gelangt.

Befristung und Kontrolluntersuchungen

Wenn der Amtsarzt den Führerschein befristet, gibt es dagegen Rechtsmittel. Die Voraussetzungen für eine Befristung sind komplex. Befristungen halten einer rechtlichen Überprüfung oft nicht stand. Urteil vom 20.11.2012:

> *Die Behörde hat die Befristung der Lenkberechtigung [und] die [...] ärztlichen Kontrolluntersuchungen [...] mit «Rückfallgefahr» [...] begründet. [...] Die Überlegungen der Behörde sind nicht offenkundig, weil das Eingeständnis des Beschwerdeführers über einen in der Vergangenheit erfolgten Cannabiskonsum bereits aus dem Jahr 2010 stammt und der Beschwerdeführer für den daran anschließenden Zeitraum mehrere Drogenurinbefunde vorgelegt hat (stammend vom Juni und Dezember 2011 und vom März 2012), die allesamt ein negatives Ergebnis erbracht haben.*

Bei einer rechtskräftig auferlegten Befristung erlischt der Führerschein mit Ablauf der Befristung. Wenn der Amtsarzt dann bei der Nachuntersuchung vor Fristablauf ungerechtfertigt z. B. weitere fachärztliche Stellungnahmen verlangt, muss sich der Betroffene auch ungerechtfertigten Forderungen des Amtsarztes beugen oder er darf möglicherweise viele Monate lang nicht mehr fahren. **Befristung heißt automatisch Verlust des Bestandsschutzes mit Ende der Befristung.** Daher ist auch bei Verhängung einer Befristung dringend eine rechtliche Überprüfung empfohlen.

i Bei Erhalt eines Briefes vom Verkehrsamt (Bezirkshauptmannschaft) wegen Führerschein sollte man sofort fachkundigen Rat einholen und nicht mit dem Beamten sprechen. Die Frist für Rechtsmittel läuft ab dem Tag der Hinterlegung des gelben Zettels im Briefkasten. Die Rechtsmittelfrist beträgt normalerweise nur vierzehn Tage.

Cannabis und Verkehrskontrollen

Bei **Verkehrskontrollen** darf die Polizei nur den Fahrzeuglenker kontrollieren. Es ist kein Urintest vorgesehen und vorgeschrieben. Wenn der Polizist meint, der Lenker stehe unter Einfluss (der Polizist sieht gerötete Augen oder erweiterte Pupillen, die träge reagieren), ist der Lenker nur verpflichtet, sich «dem Amtsarzt vorführen zu lassen». Auch der Amtsarzt hat kein Recht auf einen Pinkeltest, sondern der Amtsarzt macht eine klinische Untersuchung (auf gerader Linie gehen, Finger-Nase-Test, Drehnystagmus-Test usw.). Wenn der Amtsarzt aufgrund dieses Tests meint, die Person stehe unter Substanzeinfluss, ist die Person verpflichtet, sich Blut abnehmen zu lassen. Verweigert sie die **Blutabnahme**, wird dies wie eine Verweigerung eines Alkoholtests behandelt, also *mindestens* sechs Monate Führerscheinentzug, verkehrspsychologische Untersuchung, Geldstrafe zwischen 1600 und 5900 Euro, Nachschulung, Amtsarzt.

Wissenschaftlich besteht ein Konsens darüber, dass die psychotrope Wirkung von Cannabis spätestens sechs Stunden nach dem letzten Konsum verschwunden ist. Ab diesem Zeitpunkt besteht keine durch Cannabis verursachte Fahruntauglichkeit mehr. Psychoaktives THC kann im Blut unter Umständen aber wesentlich länger nachgewiesen werden, nämlich über Tage hinweg, insbesondere bei Personen, die relativ häufig konsumieren. Wenn der Amtsarzt bei der klinischen Untersuchung eine **Beeinträchtigung der Fahrfähigkeit** «festgestellt» hat und im Blut anschließend aktives THC nachgewiesen wurde, auch wenn der Wert gering ist, ist eine Beweisführung, dass der Betroffene in Wahrheit nicht beeinträchtigt war, sehr schwierig. Wer vom Amtsarzt zur Blutabnahme angehalten wird, obwohl er nicht beeinträchtigt ist, sollte sich danach sofort im Rahmen einer klinischen Untersuchung bei einem anderen Arzt attestieren lassen, dass seine Fähigkeiten als Fahrzeuglenker in keiner Weise beeinträchtigt sind.

Ein großes Problem sind die Gutachter, die von den Behörden herangezogen werden. So werden die Blutproben aus Oberösterreich und Salzburg meistens von der Universitätsklinik Salzburg ausgewertet, die sich auf Cannabis-User «spezialisiert» hat. Dort wird, wenn aktives THC nachgewiesen wurde, pauschal behauptet, die Person sei unter Einfluss gewesen. Der Gegenbeweis ist praktisch nicht zu führen, denn es gibt kaum Gutachter, die bereit sind, in den Ring zu steigen, und andererseits hat der Betroffene meist nicht so viel Geld in der Kriegskasse. In solchen Fällen müssen praktische Lösungen gesucht und auch Ungerechtigkeiten hingenommen werden.

Führerscheinentzug wegen «Verkehrsunzuverlässigkeit»:
Dies ist eine österreichische Besonderheit. Wenn jemand wegen eines gröberen Cannabis-Delikts (z.B. Growen oder Dealen von mehr als 20 Gramm THC) zu einer **Gerichtsstrafe** verurteilt wird, entziehen die österreichischen Behörden den Führerschein meistens – je nach Strafe – für 3, 6, 9, 12 Monate oder länger. Hier ist von Fall zu Fall zu prüfen, ob dies hingenommen werden muss. Entziehungen von mehr als 18 Monaten sind nur zulässig, wenn gravierende Verurteilungen vorliegen.

Gehäufter Missbrauch
Liegt «gehäufter Missbrauch» von illegalisierten Substanzen vor, ist der Führerschein ohne befürwortende psychiatrische Untersuchung weg. Zwischen «gehäuftem Missbrauch» und (führerscheinrechtlich unschädlichem) «Gelegenheitskonsum» liegt der «normale» Konsum, der die Führerscheinbehörde zur Vorladung zur amtsärztlichen Untersuchung berechtigt.

i Wo die Grenzen zwischen den drei Bereichen verlaufen, ist nicht exakt definiert: «Um von einem gehäuften Missbrauch von Suchtmitteln [...] sprechen zu können, genügt nicht ein gelegentlicher wiederholter Missbrauch, sondern es muss sich um häufigen Missbrauch innerhalb relativ kurzer Zeit handeln, ohne dass allerdings der Nachweis einer damals bestehenden Suchtmittelabhängigkeit erforderlich wäre.» (Urteil vom 18.03.2003). Täglicher Konsum über einen längeren Zeitraum ist sicher mehr als Gelegenheitskonsum. «Gehäufter Missbrauch» setzt jedenfalls voraus, dass die Behörde feststellt, welche Mengen der Betroffene in welchem Zeitraum in welchen Konsumintervallen konsumiert hat.

Amtsärztliche Untersuchung
Eine österreichische Eigenheit sind auch die amtsärztlichen Untersuchungen. Für sie gibt es drei völlig unterschiedliche Rechtsgrundlagen:

- **Bedenken gegen die gesundheitliche Eignung** wegen mehr als gelegentlichem Cannabis-Konsum: Gegen eine aus diem Grund angeordnete Führerscheinuntersuchung sollte man sich auf jeden Fall zur Wehr setzen.
- **Amtsärztliche «sanitätspolizeiliche» Untersuchung:** Die Gesundheitsbehörde (Bezirkshauptmannschaft) ist in Österreich berechtigt, Personen, die in jüngerer Vergangenheit (alles, was weniger als sechs Monate zurück-

liegt, ist gefährlich) auch nur einmal Cannabis konsumiert haben, zur amtsärztlichen Untersuchung vorzuladen. Das Groteske daran: Man muss zwar zur Behörde kommen, sonst wird man von der Polizei abgeholt und «vorgeführt». Man ist aber – entgegen dem Gesetzeswortlaut des § 12 Abs. 1 SMG – nicht verpflichtet, bei der Untersuchung mitzuwirken. Auf keinen Fall pinkeln, wenn die Gefahr besteht, dass ein THC-positiver Urin festgestellt wird!

- **Amtsärztliche Untersuchung auf Veranlassung des Staatsanwalts:** Wer in den letzten fünf Jahren noch nicht wegen Cannabis beanstandet wurde, darf vom Staatsanwalt nicht zum Amtsarzt geschickt werden. Er sollte sich dagegen rechtlich zur Wehr setzen. Wer hingegen wiederholt beanstandet wird und vom Staatsanwalt zum Amtsarzt geschickt wird, der sollte sich gut überlegen, ob er die Gefahr eine gerichtlichen Verurteilung durch amtsärztliche Untersuchung und Befolgung der Empfehlungen des Amtsarztes abwendet. Auch hier ist fachkundige Beratung dringend empfohlen. Und auch hier gilt: nie einen THC-positiven Urin abgeben!

Dr. Gebhard Heinzle ist Rechtsanwalt in Bregenz, Österreich. Er ist auf Cannabis und Recht, insbesondere Cannabis und Führerschein, spezialisiert, hat unzählige Urteile des Verwaltungsgerichtshofs bewirkt und so die Behördenwillkür gegen Cannabisuser eingedämmt. *www.winkler-heinzle.at*

Verein Legalize It!: Cannabis und Führerschein in der Schweiz

Die letzte große Änderung im Bereich THC und Autofahren trat in der Schweiz am 1. Januar 2005 in Kraft – unter dem Motto «Nulltoleranz». In der Erklärung zu der Änderung heißt es unter Punkt 1.5, Betäubungsmittelgrenzwerte:

> *Grundsätzlich ist der Nachweis der Fahrunfähigkeit wegen Betäubungs- und Arzneimittelkonsums unter Anwendung des Drei-Säulen-Prinzips zu erbringen: Gestützt auf die polizeiliche Feststellung (erste Säule), ärztliche Befunde (zweite Säule) und die chemisch-toxikologischen Analysenergebnisse (dritte Säule) wird die Fahrunfähigkeit gutachterlich durch einen rechtsmedizinischen Sachverständigen festgestellt. Vom Drei-Säulen-Prinzip kann abgewichen werden, wenn weit verbreitete Substanzen im Spiel sind, von denen bekannt ist, dass sie sich negativ auf die Fahrfähigkeit auswirken. Dann genügt der Nachweis einer dieser Substanzen im Blut zum Nachweis der Fahrunfähigkeit (Nullgrenzwert). Es handelt sich dabei vorerst um Heroin, Morphin, Kokain, verschiedene Formen von Amphetaminen (Designerdrogen) und Cannabis.*

In der eigentlichen Verordnung steht, dass der Nachweis von Cannabis im Blut zur Fahrunfähigkeit führt. Wenn diese nachgewiesen wird, ist das ein Vergehen und wird dementsprechend bestraft. Dazu kommen ein befristeter Ausweisentzug und anschließend das Verfahren beim Straßenverkehrsamt (siehe Seite 165).

THC-Grenzwert und Nulltoleranz

In der Schweiz gilt ein **Grenzwert von 1,5 µg/Liter Blut.** «µ» bedeutet Mikrogramm, also ein Millionstel Gramm, oder anders ausgedrückt 1,5 Nanogramm pro Milliliter (ng/ml), also ein Milliardstel Gramm pro Tausendstel Liter. Da die Messgeräte immer eine gewisse Ungenauigkeit aufweisen, gilt ein Vertrauensbereich von plus/minus 30 Prozent gegenüber dem tatsächlichen Messwert.

Wichtig ist dabei der untere Wert – liegt dieser unter 1,5 µg/Liter, so ist der Untersuchte noch im grünen Bereich. Der effektive Grenzwert beträgt also 2,14 µg/Liter. Dieser Wert ist sehr tief und kann noch Stunden nach dem letzten Konsum überschritten werden, bei regelmäßig Konsumierenden sogar noch nach Tagen; er hat also nichts mehr mit der eigentlichen Wirkung zu tun. Trotzdem gilt jeder, der einen THC-Wert über dem Grenzwert aufweist, als fahrunfähig, macht sich rechtlich gesehen eines Vergehens schuldig und kann mit bis zu drei Jahren Gefängnis bestraft werden. Außerdem wird der Führerausweis mindestens drei Monate lang eingezogen.

Neben THC wird auch THC-COOH (Tetrahydrocannabinol-Carbonsäure) , gemessen, ein nicht psychoaktives Abbauprodukt von THC. Dieser Wert wird auch in den einfacheren Urintests gemessen. Der im Blut bestimmte Carbonsäurewert ist laut Gesetz zwar nicht relevant für die Fahrfähigkeit, aber es scheint sich bei den untersuchenden Instituten für Rechtsmedizin (IRM) die Praxis herauszubilden, dass bei einem **THC-COOH-Wert von 75 µg/Liter oder mehr** der dringende Verdacht besteht, dass die Fahreignung generell in Frage gestellt werden muss. Auf Empfehlung des rechtsmedizinischen Instituts kann das Strassenverkehrsamt dann die Fahreignung abklären lassen.

Mit der 2005 eingeführten Verordnung genügt das Vorhandensein einer noch so geringen Menge von THC im Blut zur Feststellung der Fahrunfähigkeit; somit ist es viel einfacher geworden, die THC-Konsumierenden zu kriminalisieren. So heißt es im Standardwerk Fahren unter Drogen- oder Medikamenteneinfluss von P. X. Iten: «THC-Plasmakonzentrationen von einem Mikrogramm pro Liter und größer lassen bei Gelegenheitskonsumenten auf einen mäßigen Cannabiskonsum innerhalb der letzten vier Stunden schließen. Bei starken Konsumenten können solche Konzentrationen allerdings bis zu zwei Tagen nach dem letzten Konsum beobachtet werden.»

Dabei hat eine Person, die wirklich bekifft ist, 100 oder mehr Mikrogramm im Blut. Wer gelegentlich kifft, sollte also vor dem Autofahren optimal sechs Stunden nicht gekifft haben. Regelmäßig Kiffende hingegen gelten nie als fahrtauglich, außer sie würden drei Tage vor dem Autofahren mit Kiffen aussetzen.

Der Nullgrenzwert schießt weit über das Ziel hinaus: Er verunmöglicht das Autofahren für regelmäßig THC Konsumierende, selbst wenn sie immer eine Nacht zwischen Konsum und Fahren legen. Anders gesagt: Wer THC konsumiert und Auto fährt, macht sich fast immer eines Vergehens schuldig, auch wenn er Fahren und Konsum trennt – außer er konsumiert nur am Freitag abend ein bisschen, lenkt am Wochenende kein Auto und konsumiert nichts und fährt erst ab Montag Auto.

Fahreignung und Fahrfähigkeit

Vor 2005 wurde die Fahrfähigkeit einer Person durch drei Säulen abgeklärt: Erstens durch den Polizeirapport, zweitens durch die ärztliche Allgemeinuntersuchung, drittens durch die Blutuntersuchung. Per 1. Januar 2005 wurde das alte System unter dem Titel «Nulltoleranz» geändert. Jetzt geht man davon aus, dass Fahrunfähigkeit besteht, sobald THC im Blut nachweisbar ist,

› Die Fahreignung bezieht sich auf die generelle Fähigkeit, ein Auto zu lenken, also auf die Frage, ob man jemandem überhaupt einen Führerausweis ausstellen soll. Die Fahrfähigkeit hingegen bezieht sich auf die konkrete Fähigkeit, zu einem bestimmten Zeitpunkt ein Auto zu lenken. Wem die Fahreignung abgesprochen wurde (zum Beispiel wegen Abhängigkeit von Betäubungsmitteln), kann also nie fahrfähig sein. Eine Person, die in einem bestimmten Moment fahrunfähig ist (zum Beispiel wegen Betäubungsmitteleinfluss), kann hingegen durchaus die generelle Fahreignung besitzen.

i Laut Bundesgericht kann auch bei einer Einnahme größerer Cannabismengen, die geeignet sind, die Fahrfähigkeit zu beeinträchtigen, nicht ohne weiteres auf die fehlende Fahreignung des Betroffenen geschlossen werden. Diese hängt laut Bundesgericht vielmehr davon ab, ob man in der Lage ist, Cannabiskonsum und Straßenverkehr ausreichend zu trennen.

Für die Bestrafung einer Fahrunfähigkeit ist die Staatsanwaltschaft zuständig, für die Abklärung der Fahreignung jedoch das Straßenverkehrsamt bzw. dessen Amt für Administrativmassnahmen AMA.

Die Fahreignungsabklärung

Eine **amtsärztliche medizinische Abklärung der Fahreignung** kann über verschiedene Wege eingeleitet werden (siehe Seite 166). Der Amtsarzt (häufig ein Mitarbeiter eines IRM) führt die Untersuchung durch. Die Kosten müssen vom

Untersuchten vollumfänglich selber bezahlt werden; es muss sogar ein Kostenvorschuss geleistet werden. Das Ergebnis der amtsärztlichen Untersuchung hängt sehr stark vom entsprechenden Arzt und dem Verhalten des Probanden während der Untersuchungen ab.

Der Führerausweis kann dabei entweder vor dieser Untersuchung entzogen werden (wenn Anhaltspunkte für eine Sucht vorliegen), oder er wird belassen, bis die Untersuchung abgeschlossen ist. Letztlich entscheidet dann das Straßenverkehrsamt über den Entzug. Dabei gibt es Unterschiede zwischen den verschiedenen kantonalen Straßenverkehrsämtern.

Der Führerausweisentzug

Wenn das Straßenverkehrsamt aus irgendeinem Grund (z. B. Information durch die Polizei, die jemanden beim Kiffen erwischt hat) informiert wird, dass jemand THC konsumiert, erwägt die Behörde, ob der Betreffende mit seinem Cannabiskonsum ein Risiko für den Straßenverkehr darstellt. Wenn sie ein solches Risiko als gegeben betrachtet (z. B. weil bei der betroffenen Person Hanfkonsum am Steuer oder regelmäßiger Konsum festgestellt wurde), dann kann ein **vorsorglicher Sicherungsentzug**, also eine Abnahme des Führerausweises auf unbestimmte Zeit, erfolgen. Dann muss man ein psychiatrisches Gutachten einholen, um den Verdacht abklären zu lassen. Je nach Ausgang dieser ärztlichen Untersuchung bekommt man dann den Führerausweis zurück (eventuell noch mit Auflagen) oder er bleibt eingezogen. Dieses Verfahren kostet jedoch schnell über 1000 Franken. Jede Beschwerde gegen Entscheide des Straßenverkehrsamtes, die man erhebt, benötigt einen **Kostenvorschuss**, der wiederum mehrere 100 Franken betragen kann.

› Grundsätzlich ist es empfehlenswert, einen Anwalt zu engagieren. Wer den Führerausweis zurückerhalten oder ihn behalten will, der muss schon einiges tun. Falls der Anwalt sich im Verwaltungsrecht auskennt, ist in vielen Fällen ein Erfolg möglich. Dabei gilt es zu berücksichtigen, dass jeder Fall individuell beurteilt wird (z.B. Leumund/Vorstrafen; liegt neben dem Konsum noch eine konkrete Verkehrsgesetzübertretung vor?) und dass die beteiligten Ärztinnen und Sachbearbeiter häufig sehr subjektiv urteilen. Der Beizug einer Anwältin kann oft eine fairere Behandlung bewirken.

Anstelle eines sofortigen Ausweisentzugs kann das Straßenverkehrsamt den Führerausweis auch belassen, aber mit **Auflagen**, wie kontrollierte THC-Abstinenz (Urinkontrollen alle zwei Wochen über ein Jahr auf Kosten des Probanden). Bei gelegentlichem Konsum, sauberem Leumund und keinen weiteren Auffälligkeiten (psychischer Art, sonstiger Drogenkonsum, Vorakten, Hinweise aus dem Polizeirapport) kann der PW-Führerausweis belassen werden. «Gelegentlicher Konsum» meint hier eine Spanne von «ein Joint in der Woche» bis «am Wochenende drei, vier Joints». Bei täglichem Konsum hingegen lassen alle Straßenverkehrsämter die Fahreignung ärztlich abklären.

i Bei Konsum von harten Drogen wird der Führerausweis durch das Straßenverkehrsamt generell eingezogen. Führerausweise für Taxis oder LKW werden auch bei bloßem Hanfkonsum generell entzogen; der normale Ausweis für Personenwagenlenker sollte hingegen nicht zwingend eingezogen werden. Diese Praxis ist aber nirgends schriftlich festgehalten – es können sich durchaus Unterschiede zwischen den kantonalen Straßenverkehrsämtern ergeben.

Fallbeispiele

Fall 1 *Jemand raucht draußen einen Joint, ohne Auto zu fahren, die Polizei kontrolliert ihn, findet Hasch oder Gras, und er gibt während der Befragung einen regelmäßigen Konsum zu. Die Polizei verzeigt diese Person dann wegen Betäubungsmittelkonsum und meldet die Person, wenn sie einen Führerausweis besitzt, ans Straßenverkehrsamt, weil der Verdacht besteht, die kontrollierte Person könnte eine Gefahr im Straßenverkehr darstellen.*

Für den zugegebenen Konsum und die gefundene Menge an Hasch oder Gras gibt es im Normalfall eine **Buße**, da dies lediglich eine Übertretung darstellt. Ein Führerausweisentzug ist hier nicht immer zu befürchten – es sind ja keine Verkehrsregeln gebrochen worden. Doch wenn im Polizeirapport ein regelmäßiger hoher Konsum zugegeben wurde, kann das Straßenverkehrsamt eine **Abklärung der Fahreignung** veranlassen. Dies scheint allerdings eher selten zu geschehen; am ehesten dann, wenn «psychische Auffälligkeiten» gemeldet werden. Die Polizei und das Straßenverkehrsamt haben hier einen großen Ermessensspielraum.

Fall 2 *Jemand wird während einer Autofahrt kontrolliert. Die Urinprobe ist positiv, und im Blut wird durch einen Arzt THC festgestellt, allerdings unter dem Grenzwert. Es erfolgt eine Verzeigung wegen Betäubungsmittelkonsums (wie beim ersten Beispiel), jedoch noch keine Verzeigung wegen Fahrens unter Betäubungsmitteleinflusses. Der Polizeirapport geht dann ebenfalls ans Straßenverkehrsamt, da es möglich erscheint, dass eine Drogensucht besteht.*

Fahren mit THC im Blut unter dem Grenzwert ist strafrechtlich gesehen nicht relevant. Es gibt dafür also keine Bestrafung. Der nachgewiesene oder zugegebene Konsum/Besitz wird jedoch mit **Buße** bestraft. Außerdem können die Kosten für die Untersuchung den Beschuldigten auferlegt werden.

Auch hier gibt es keine Verstöße gegen Verkehrsregeln, also hätte das Straßenverkehrsamt eigentlich keinen Anlass, etwas zu unternehmen. Doch wird neben THC (das hier ja unter dem Grenzwert liegt) auch THC-COOH gemessen. Wenn der Wert von THC-COOH über 75 µg/Liter Blut liegt, wollen einige Straßenverkehrsämter die **Fahreignung** abklären. In der Gerichtsmedizin geht man immer häufiger davon aus, dass ein solcher Wert einhergeht mit einem regelmäßigen starken Konsum. Deshalb müsse man dann von einer Abhängigkeit ausgehen; diese ist jedoch immer die Grundlage, den Führerausweis zu entziehen oder zumindest die Fahreignung ärztlich abklären zu lassen.

Fall 3 *Jemand wird während einer Autofahrt kontrolliert, die Urinprobe ist positiv und im Blut wird durch einen Arzt THC über dem Grenzwert festgestellt. Es erfolgt eine Verzeigung wegen Betäubungsmittelkonsums (wie beim ersten Beispiel) und zusätzlich noch eine Verzeigung wegen Fahrens unter Betäubungsmitteleinfluss. Der Polizeirapport geht dann ebenfalls ans Straßenverkehrsamt, weil der dringende Verdacht auf Drogensucht besteht.*

Wenn Fahren mit THC über dem Grenzwert dazukommt, wird die Strafe massiv höher, da es sich hierbei um ein Vergehen handelt. Hier werden Strafen zwischen 500 Franken Busse bis zu ein paar Tagessätzen Geldstrafe ausgesprochen. Dazu kommen ein **Führerausweisentzug** und ein **Eintrag im Strafregister**.

Der Ausweis wird durch das Straßenverkehrsamt mindestens für drei Monate entzogen, eventuell auch länger (das kommt auf die Vorakten und Vorstrafen an). Weiter müsste das Straßenverkehrsamt, wenn der Leumund sauber ist und keine sonstigen Verstöße dazugekommen sind, nichts unternehmen. Doch werden in diesem Fall die meisten Straßenverkehrsämter eine **amtsärztliche Untersuchung** zur Abklärung der Fahreignung veranlassen – mit Sicherheit dann, wenn der THC-COOH-Wert hoch ist.

Achtung: Wenn weitere illegale Handlungen dazukommen (etwa Mängel am Auto, weitere Verkehrsregelverstöße oder gar ein verursachter Unfall, aber auch sonstige Verstöße wie unerlaubter Waffenbesitz, Beamtenbeleidigung, Weitergabe von THC-Produkten usw.), werden auch diese Straftaten in einem Urteil zusammengefasst. Deshalb sind die meisten Urteile nicht direkt vergleichbar und die Spanne ist dementsprechend groß.

Rekursmöglichkeiten

Gegen alle Verfügungen des Straßenverkehrsamts sind Rekurse möglich. Doch muss dafür meistens ein Kostenvorschuss geleistet werden, den man nur zurückerhält, wenn man den Verwaltungsgerichtsprozess gewinnt. Doch das ist unwahrscheinlich. Und auch wenn man gewinnt (dafür gibt es einzelne Beispiele), liegen die Anwaltskosten bei rund 5000 und die IRM-Untersuchungskosten bei 3000 Franken. Diese Kosten werden durch die 2000 Franken Entschädigung bei einem Prozessgewinn nicht gedeckt.

Haftung bei Unfällen

Wer einen Unfall verursacht hat, kann für die Kosten des Unfalls persönlich haftbar gemacht werden, wenn im Blut THC nachgewiesen wurde.

- **Regress:** Bei einem Unfall mit Schadenfolge muss die Versicherung zwar für den Schaden aufkommen (zum Beispiel Heilungskosten der verunfallten Person und/oder Kosten einer allfälligen Invalidenrente). Doch kann sie Regress auf den Unfallverursacher nehmen, wenn dieser grobfahrlässig gehandelt hat. Wer unter THC-Einfluss gefahren ist, muss mit einer solchen Entscheidung rechnen (siehe Beispiel 3, ev. auch Beispiel 2).
- **Kosten:** Wenn jemand schwer verunfallt und nicht mehr arbeitsfähig ist, so liegen die Kosten dafür schnell im Bereich von 1 bis 1,5 Millionen Franken. 20 Prozent davon sind dann 200 000 bis 300 000 Franken. Wer nicht

sehr vermögend ist, wird einen solchen Betrag wohl sein ganzes Leben lang in monatlichen Raten abstottern müssen.

Achtung: Der extrem tiefe Grenzwert von 1,5 bzw. 2,14 μg/Liter beim Autofahren kann von den rechtsmedizinischen Instituten natürlich auch bei anderen Handlungen mit Unfallfolgen herangezogen werden (z.B. bei der Bedienung schwerer Maschinen). Also ist auch in diesen Fällen ein Regress wegen Grobfahrlässigkeit möglich; uns sind allerdings noch keine solchen Fälle bekannt.

Die Folgen der Nulltoleranz – ein Erfahrungsbericht

Die Verurteilungen wegen Fahrens unter THC-Einfluss nehmen zu, und es gibt immer mehr Führerausweisentzüge wegen THC-Konsum. Ein Betroffener beschreibt seine Erfahrungen mit der «Nulltoleranz»-Praxis im Straßenverkehr.

Mit dem Verkehrsregelgesetz, das einen THC-Grenzwert setzt, soll, wie beim Alkohol-Grenzwert, die Verkehrssicherheit erhöht und die Zahl der Unfälle gesenkt werden. In der Theorie klingt das sehr vernünftig, doch wie sieht es in der Praxis aus? Da THC viel länger nachweisbar ist, als es seine Wirkung entfaltet (Stunden bis Tage in der psychoaktiven Form, Wochen bis Monate als Abbauprodukt – je nach Konsumgewohnheit), ist es sehr schwierig, einen Grenzwert zu setzen, der berauschte Verkehrsteilnehmer von den Straßen fernhält und verantwortungsbewusste unbehelligt lässt Wer regelmäßig raucht, hat auch nach mehreren Tagen Abstinenz noch einen zu hohen Blutwert, obwohl er längst nüchtern ist! Mit dem heute geltenden Grenzwert werden alle regelmäßig Konsumierenden hart bestraft und als «fahrunfähig» eingestuft. Ich schildere im Folgenden meinen Fall als Beispiel:

An einem Abend im Sommer des Jahres 2005, ich war 18 Jahre jung, besucht mich mein Bruder bei mir zu Hause, wo wir nach dem Essen einige Joints rauchen. Nach einer erholsamen Nacht fahre ich mit dem Motorrad zur Schule, über Mittag nach Hause und dann wieder zur Schule. Danach fahre ich direkt ins Trainingslokal, wo ich seit meinem zwölften Lebensjahr trainiere. Nach dreistündiger Wettkampfvorbereitung, es ist 22 Uhr, freue ich mich aufs Abendessen, auf meine Freundin und natürlich auf meinen abendlichen Hanfgenuss. Es ist inzwischen ziemlich genau 24 Stunden her, seit ich das letzte Mal an einem Joint gezogen habe.

Auf dem Heimweg werde ich von einer Gruppe Polizisten angehalten, die mich nach der Führerausweiskontrolle noch auf Drogen testen wollen – eine Routinekontrolle, wie sie sagen. Da ich nüchtern und noch nicht sehr gut über unsere neuen Verkehrsregeln informiert bin, mache ich mir überhaupt keine Sorgen. Doch der Schnelltest vor Ort ist positiv. Die Polizisten nehmen mir Schlüssel und Ausweise ab, entnehmen mir auf einem Polizeiposten Urin, Blut und Speichel und halten mich dort stundenlang fest. Ich werde wie ein Drogenabhängiger behandelt, obwohl ich mehrmals betone, dass ich direkt vom Training komme und den ganzen Tag über nichts konsumiert habe. Irgendwann sagt mir ein Polizist, dass es keine Rolle spiele, ob ich bekifft gefahren sei oder nicht, nur der Blutwert zähle. Darum fallen alle Koordinations-, Reaktions- und Gleichgewichtstests, die ich problemlos bestanden habe, kaum ins Gewicht. Ich gelte von da an als «fahrunfähig» und bin im Straßenverkehr unerwünscht.

Ich bin inzwischen zwanzig Jahre alt, arbeite als Sicherheitsangestellter in einer Verwaltung und wurde seit dem Führerausweisentzug zweimal Meister in einer Vollkontakt-Kampfsportart und daraufhin auch für internationale Wettkämpfe nominiert. Bei der Aushebung wurde ich der Spitzensportler-RS zugeteilt. Ich habe keine Probleme mit meinem Hanfkonsum und bin körperlich und geistig topfit, was auch alle ärztlichen Gutachten im Rahmen dieses Verfahrens bestätigen. Trotzdem müsste ich mir jahrelang alle zwei Wochen auf eigene Kosten Blut und Urin nehmen lassen und keinen einzigen Joint rauchen, um meinen Ausweis zurückzuerhalten, und das, nachdem ich völlig nüchtern kontrolliert worden bin.

Das Gesetz dient also höchstens am Rande der Verkehrssicherheit, vielmehr werden damit verantwortungsbewusste Hanfkonsumenten als «fahrunfähig» diskriminiert. Es ist deshalb wichtig, dass wir aktiv werden. Man kann sein persönliches Umfeld auf die Problematik aufmerksam machen. Oder man wird Mitglied bei Legalize it!, dem Verein für THC-Kultur und Hanflegalisierung, der auch kostenlose Rechtsberatungen anbietet. Oder man unterstützt den Verein mit einer Spende. Ich hoffe jedenfalls, dass die Nutzlosigkeit und die Notwendigkeit einer Änderung der gegenwärtigen THC-Repressionspraxis im Straßenverkehr mit diesem Bericht deutlich geworden sind.